大学生
劳动教育教程

主编 —— 陈 帅 刘爱国 王利华

DAXUESHENG
LAODONG JIAOYU JIAOCHENG

中南大学出版社
www.csupress.com.cn
长沙

图书在版编目(CIP)数据

大学生劳动教育教程 / 陈帅, 刘爱国, 王利华主编.
—长沙: 中南大学出版社, 2023.2(2025.1 重印)
ISBN 978-7-5487-5221-9

Ⅰ. ①大… Ⅱ. ①陈… ②刘… ③王… Ⅲ. ①劳动
教育－高等职业教育－教材 Ⅳ. ①G40-015

中国版本图书馆 CIP 数据核字(2022)第 229342 号

大学生劳动教育教程
DAXUESHENG LAODONG JIAOYU JIAOCHENG

陈帅　刘爱国　王利华　主编

□出 版 人	林绵优	
□责任编辑	刘锦伟	
□责任印制	唐　曦	
□出版发行	中南大学出版社	
	社址: 长沙市麓山南路	邮编: 410083
	发行科电话: 0731-88876770	传真: 0731-88710482
□印　　装	长沙印通印刷有限公司	

□开　　本	787 mm×1092 mm 1/16	□印张 16.75	□字数 405 千字		
□版　　次	2023 年 2 月第 1 版	□印次 2025 年 1 月第 3 次印刷			
□书　　号	ISBN 978-7-5487-5221-9				
□定　　价	45.00 元				

编写委员会

主　编：陈　帅　刘爱国　王利华

副主编：朱占占　黄海丰　周　莹

编　委：(按姓氏笔画排序)

王　蓁　毛　静　任春梅　刘小华　刘　琲　刘　婷

李巧平　吴　玭　张文艺　张立里　张娟红　张　敏

欧阳晓优　罗　玉　段晓丹　施　薇　费　璠　秦玉莲

秦海珍　夏冠湘　晏　苹　翁巨斌　郭　雯　黄　晶

董方侠　蒋丽芬　蒋良艳　程晓玲　雷吉平　蔡建满

前　言

2020 年 3 月，中共中央、国务院发布《关于全面加强新时代大中小学劳动教育的意见》，对新时代劳动教育做了顶层设计和系统部署，并就高校教育关于劳动教育提出了具有针对性的原则意见。进入新时代，劳动教育重新回到大众的视野，成为了贯穿国民教育体系的重要环节和核心内容。党的二十大报告明确提出新时代新征程中国共产党的中心任务是以中国式现代化全面推进中华民族伟大复兴，再次将"劳育"同"德育、智育、体育、美育"放在同等重要的战略地位，明确了全面加强新时代大中小学劳动教育的重要性。

习近平总书记指出：无论过去、现在还是未来，中国青年始终是实现中华民族伟大复兴的先锋力量！而高校创新构建劳动教育课程体系，是落实国家立德树人、知行合一教育方针的必然举措。因此，我们依据中共中央、国务院《关于全面加强新时代大中小学劳动教育的意见》(2020 年)、《大中小学劳动教育指导纲要(试行)》(2020 年)等文件的要求，将劳动教育融入高校人才培养过程，旨在通过劳动教育与思政课、专业课相融合，劳动理论教学与劳动实践教学相结合，引导学生树立正确的劳动价值观，培养学生良好的劳动品质，帮助学生掌握必备的劳动技能、形成良好的劳动习惯，促使学生崇尚劳动、尊重劳动，增强学生对劳动人民的感情，从而报效国家，奉献社会。

本书主要内容包括劳动理论知识模块、家庭劳动技能模块、专业劳动技能模块和社会劳动技能模块。劳动理论知识模块主要介绍了劳动及劳动教育的内涵以及劳动价值观等内容。家庭劳动技能模块主要介绍家居整理、家居环境美化等内容。专业劳动技能模块，按照不同专业群设置了财经商贸专业群、动漫与艺术设计专业群、跨文化传播专业群、新媒体技术专业群、新闻出版与广播影视专业群和表演艺术专业群等工作劳动技能专题，引导学生学以致用，实现知行合一。社会劳动技能模块主要介绍"三下乡"劳动实践活动以及青年志愿者活动等。

　　本书遵照"培养合格建设者和接班人"的要求，结合高校专业人才培养体系，围绕专业人才职业趋向特性，按系统化原则打通第一课堂的专业课程的教学、设计、实习和创新、创业课程以及第二课堂的课外学术科技活动、社会实践活动、研修学习活动等环节，培养懂专业、会劳动、能创新、敢创业的专业创新人才。本书进行对应性解决和技术优化创新以全面提升高校劳动教育通识课程教学质量，具有鲜明的时代特点以及地方特色。

　　本书在编写过程中，参考借鉴了文献资料和研究成果，在此向相关作者表示衷心感谢。由于编者水平有限，编写时间仓促，书中不足之处在所难免，恳请读者批评指正，以便改进。

编者

2022 年 12 月

目 录

模块三　专业劳动技能

模块四　社会劳动技能

模块一　劳动理论知识

项目一
劳动

工匠精神

刘更生：在木匠人生里"雕刻时光"

在 2021 年"大国工匠年度人物"中，刘更生作为中国京作硬木家具制作技艺传承人，曾在保供冬奥期间承担着冬奥家具的全面产品设计及工艺把关的重任。他来自金隅集团天坛公司，不仅是全国建材行业的唯一受表彰人员，更是北京市属国企有史以来首位入选代表。

作为中国京作硬木家具制作技艺传承人，刘更生在保供冬奥期间严格把关冬奥家具的工艺、设计。据介绍，京作家具从原料到成品经历 100 多道大小工序，时间紧任务重，还要坚守冬奥严格的品质标准，刘更生就带领手工匠人，按照场地特点，反复琢磨技艺，针对代表性圈椅，先后改良 47 处，部件尺寸标准由误差小于 0.5 mm 缩减到误差小于 0.25 mm，平整度、表面光泽度标准都得到大幅提升，最终圆满完成保供冬奥任务，向世界传播中国传统家具文化之美。

作为中国非物质文化遗产项目"京作硬木家具制作技艺"代表性传承人，一盏青灯一刻刀，一把标尺一把锉，构成了他的全部世界。39 年来，他始终以初心护匠心，用技艺雕刻时光，用行动诠释着敬业、精益、专注、创新的新时代工匠精神。

3 ≪

任务一 劳动

学习目标

1. 了解劳动的概念。
2. 认识劳动的类型及意义。

学习任务

分别学习劳动的概念、类型及意义。

任务导入

有一位农夫请求说：请你给我们谈谈劳动吧。

穆斯塔法高兴地回答说：你劳动，所以才能与大地和大地的灵魂一道发展、升华。

因为，一个懒惰的人终将被时代所淘汰，成为时代大潮中的陌路者，澎湃生命队伍中的落伍者。而生命的队伍正迈着豪迈庄严的步伐，高傲而顺利地向着永恒的未来迈进。

愉快劳动时，你就是一支芦笛，从你心中吹出的时光低语，将幻化成为悠扬的音乐。

在万物齐声高歌之时，你们当中有谁会愿意做一支不出声的哑芦笛呢？

——纪伯伦诗选

任务准备

1. 每一名学生准备一个有关劳动的故事进行分享。
2. 寻找劳动的意义与价值。

知识储备

劳动是人类生存的本质要求，缺乏劳动的社会是没有生命力的。重视劳动、创造劳动是人类永恒的课题。

生产力发展到一定阶段，将剥夺越来越多人的劳动权利。为了人类的生存，生产力的发展应受到理性限制，人们对物质的欲望应受到限制。

任务实施

一、劳动的概念

劳动，是人们改变劳动对象使之适合自己需要的有目的的活动，即劳动力的支出。劳动是人类社会生存和发展的基础。它主要是指人们在生产物质资料过程中的一种付出劳动力，并能够对外输出劳动量或劳动价值的人类活动。

劳动是人们在社会生活中维持自我生存和发展的唯一手段。按照传统的劳动分类理论，劳动可分为脑力劳动和体力劳动两大类。劳动是人类活动的一种特殊形式。在商品生产体系中，劳动是劳动力的支出和使用。马克思给劳动下了这样的定义："劳动力的使用就是劳动本身。"

劳动力的买者消费劳动力，就是叫劳动力的卖者劳动。劳动是发生在人与自然界之间的活动。其实质是通过人的有意识的、有一定目的的自身活动来调整、控制自然界，使之发生物质变换，即改变自然物的形态或性质，为人类的生产生活和自己的需要服务。劳动创造人类，劳动创造世界，劳动创造未来。

二、劳动的类型

马克思主义关于劳动的分类如下。

(一) 简单劳动和复杂劳动

马克思主义把劳动分为简单劳动和复杂劳动。所谓简单劳动，即"每个没有任何专长的普通人的机体平均具有的简单劳动力的支出"，而"比较复杂的劳动只是自乘的或不如说多倍的简单劳动"，"比社会平均劳动较高级较复杂的劳动，是这样一种劳动力的表现，这种劳动力需要较高的教育费用，它的生产要花费较多的劳动时间，因此它具有较高的价值"。

(二) 体力劳动和脑力劳动

简单劳动，我们通常又称为体力劳动。而脑力劳动比简单劳动需要更高的教育费用，脑力劳动的生产要花费较多的劳动时间，因此，它是具有较高的价值的复杂劳动。

脑力劳动和体力劳动的分工是人类劳动发展到一定阶段出现的。在生产力水平十分低下的原始社会，由于共同体内部不能提供剩余产品，有劳动能力的人都要参加沉重的体力劳动，还没有产生专门从事脑力劳动的人。随着生产力水平的提高，同一共同体内部产生了剩余产品，就逐渐形成了"从事单纯体力劳动的群众同管理劳动、经营商业和掌管国事以及后来从事艺术和科学的少数特权分子之间的大分工。这种分工的最简单的完全自发的形式，正是奴隶制"。从此，脑力劳动从体力劳动中分离出来。其中，知识分子得以专门从事科学文化艺术等领域的脑力劳动。

在资本主义阶段，随着生产规模的扩大，对过程劳动的管理、监督和调节成为劳动得以实现的必要条件。负责管理、监督和调节职能的群体，摆脱了体力劳动，成为主要靠脑力劳动的社会阶层。随着资本主义的发展，机器大工业把科学技术融入生产过程，导致从事科学技术研发和生产管理的人员从直接生产活动中分离出来，实现了脑力劳动与体力劳动的分离。体力劳动与脑力劳动的分离，大大提高了劳动生产力，并为科学和知识的发展创造了条件。

随着生产力的发展和社会的进步，生产过程中的体力劳动逐渐被机器代替，特别是随着信息技术和人工智能的发展，体力劳动与脑力劳动结合得越来越紧密，脑力劳动将逐渐成为生产过程和社会生活中的主要活动，对促进生产力发展发挥着越来越大的作用。到了共产主义社会，随着生产力的高度发展和社会成员综合素质的全面发展，脑力劳动与体力劳动的分离将最终消失。

（三）具体劳动和抽象劳动

马克思主义把生产商品的劳动分为具体劳动和抽象劳动。一方面，劳动是人类劳动力在生理学意义上的耗费；作为相同的或抽象的人类劳动，它形成商品价值。另一方面，劳动是人类劳动力在特殊的、有一定目的的形式上的耗费；作为具体的有用劳动，它生产使用价值。具体劳动各不相同，有质的差别。抽象劳动是"撇开具体形态的一般的无差别"的人类劳动，是没有任何质的区别的一般人类劳动。

具体劳动和抽象劳动是生产商品的同一劳动的两个方面。其中，具体劳动创造商品的使用价值，但不是使用价值的唯一源泉，它与自然物质共同构成使用价值的源泉。性质不同的具体劳动生产性质不同的使用价值，它表明的是怎样劳动和什么劳动的问题。抽象劳动作为撇开劳动具体形式的无差别的一般人类劳动，没有质的差别，只有量的差别，是价值的源泉。但抽象劳动不等于价值，只有当抽象劳动凝结到商品中才能形成价值。性质相同的抽象劳动形成性质相同的价值，它表明的是劳动多少和劳动时间多长的问题。

（四）生产劳动与非生产劳动

按照劳动的自然形态，我们可将劳动分为生产劳动与非生产劳动。生产劳动是指创造物质财富的劳动，如工业劳动创造工业产品，农业劳动创造农副产品，建筑业劳动创造各类建筑物等。非生产劳动是指不创造物质财富的劳动，如科学家发现科学真理，工程师发明先进技术，教师培养人才，医生治病救人，文艺工作者为人民带来精神食粮等，这些都属于非生产劳动。

（五）异化劳动和自由劳动

马克思在《1844年经济学哲学手稿》中首次提出异化劳动的概念。它主要指私有制条件下劳动者同他的劳动产品及劳动本身的关系。马克思认为劳动在私有制条件下发生了异化，即人的物质生产与精神生产及其产品变成异己力量，反过来统治人。异化劳动在资本主义社会中表现为资本奴役劳动、物统治人。在异化劳动中，劳动者遭到异己的物质力量或精神力量的奴役，致使其劳动积极性和能动性丧失，导致劳动者的个性不能全面发展。这种"异化劳动"在为资产阶级创造物质财富的同时，也造成了工人阶级自由本性的丧失。"劳动的异化性完全表现在：只要肉体的强制或其他强制停止，人们就会像逃避瘟疫那样逃避劳动。"马克思认为，私有制是异化的主要根源，社会分工固定化是它的最终根源。因此，马克思认为异化不是永恒存在的，是受一定生产关系制约的历史现象。受资本主义生产关系制约的异化，必将随着资本主义生产关系的彻底消灭而消灭。

马克思通过"政治经济学批判"，揭示和论证了从"异化劳动"到"自由劳动"的思想。马克思认为，自由劳动是"人以自身的活动来中介、调整和控制人和自然之间的物质变换的过程"，是人的自由自觉的本质力量的客观显现。马克思通过揭示异化劳动的本质和内涵，指出通过劳动者的"联合劳动"来扬弃异化劳动，进而获得人的彻底解放。在"联合劳动"中，劳动成为人的"第一需要"。

三、劳动的意义

习近平总书记指出，"生活靠劳动创造，人生也靠劳动创造"，"广大青年一定要勇于创新创造"。劳动会给处于世界观、人生观和价值观形成期的学生在内心深处埋下健康人格的种子。20世纪德国教育家凯兴斯泰纳就曾提出，"劳动集体是进行性格教育的最好场所"。劳动使得深入其中的学生受到身心的双重改造，会促进学生养成有益于其终身生活和发展的健康人格。在教学实践上，应通过劳动教育，加深学生对劳动意义和价值的认识，培养其正确的伦理与情感，包括其对投入与参与劳动发自内心深处的真切愿望，以及劳动过程中克服困难和挫折的决心。

1.培养社会责任感

苏联著名教育家马卡连柯主张"学校里应该有生产过程，因为只有在生产过程中才能培养出生产集体成员的真正的性格；在生产过程中，在执行生产计划时，人们才会感觉到自己对每一部分工作应负的责任"。学生在劳动实践中，会切身体会到劳动过程和劳动产品对社会的意义，由此会产生保证劳动成功带来的责任感。

在劳动过程中，学生会切身体会到国家、集体和个人在劳动产品分配上的关系，有利于加深其对人类劳动的社会性的理解，认识到自身在团结互助中的社会责任。同时，劳动就是奉献，青年大学生在劳动实践中更容易体悟奉献的价值，更容易培养自身奉献社会的高尚情操，形成强烈的社会责任感。

2.塑造阳光心态

在劳动过程中，尤其是在共同探讨和齐心协力挥洒汗水的过程中，学生会与老师建立起信任关系，同学之间也会建立起朋友式的信任关系。这种信任关系对于塑造学生阳光心态具有积极意义。实践证明，经常参加集体劳动的学生，容易在集体劳动的协作互助中形成宜人性人格和尽责性人格。宜人性人格主要表现为信任、直率、利他、温顺、谦逊、慈悲等人格特质；尽责性人格主要表现为自信、自律、有秩序、有责任感、为成果努力等人格特质。

3.培养认真和细心的良好习惯

在劳动文化教育实践中，劳动成功意味着劳动产品的形成，对于劳动者来说，意味着巨大的成就感。劳动失败意味着劳动材料和劳动者时间、精力的浪费，对于劳动者来说，就会产生巨大的挫折感。为此，学生在劳动实践过程中，会主动保持聚精会神和专注工作的状态，这样有利于学生养成认真和细心的良好习惯，为未来从事职业活动和适应职业要求打下良好基础。

4. 培养自尊心和意志力

学生通过参加劳动，在劳动过程中创造劳动成果和社会财富，进而实现自身价值，有利于培养和提高自尊心与自信心。19世纪瑞士民主主义教育家裴斯泰洛齐主张大众教育和贫民教育，为了改变穷人卑微的生活处境，他主张"首先要改变穷人那种胸无大志、缺乏目标和主动性、缺乏人类尊严的状况……通过教育和诚实的劳动获得人的尊严"。也就是说，劳动教育过程，除了使学生学到劳动的知识和技能外，还能"培养人本性的各种力量"。同时，劳动实践往往是个艰苦的过程，在劳动过程中，学生通过克服困难、实现目标和收获劳动成果，会锻炼自身的意志力，有利于培养学生为理想而奋斗的信心和韧性。而缺乏必要劳动实践的学生，则容易缺乏必要的自尊和意志力。他们往往难以认同自身的价值，不愿为理想和目标去努力，由于自制力较差，遇事不容易保持韧性，容易半途而废，难以做到善始善终。

5. 提高认知力

实践出真知，只有亲身参与劳动实践，体验劳动感受，才会调动自身感觉器官全方位感受自然和社会，才能进一步刺激大脑去做深入的思考。另外，意志力也是影响学生认知力的一个重要因素。意志力水平低、缺乏劳动实践体验的学生性格上一般偏向外控型，表现为难以保持对长期目标的坚持和热情。这些人常常更相信运气和命运，进而影响了其自身认知力的提高。

6. 激发幸福感和对生活的热情

劳动实践体验具有亲和力和幸福感，经常参加劳动实践体验的学生这种感觉往往较为强烈。科学、健康的劳动教育常常对学生具有强烈的吸引力。在这样的劳动实践体验中，学生们容易形成对各项社会事业的强烈热情和献身社会事业的强烈愿望。而缺乏劳动体验的学生对社会活动的情感投入和行为投入都呈现显著的负相关，表现为缺乏归属感，学习兴趣低，缺乏投身于社会活动的热情。

7. 有利于培养艰苦奋斗精神

劳动往往与劳作、干活具有相似的意义，人们通过劳动能够养成吃苦耐劳的优良品质。习近平总书记把吃苦和艰苦奋斗作为劳动概念的核心要义，"青年要把艰苦环境作为磨炼自己的机遇，把小事当作大事干，一步一个脚印往前走"，"青年时代，选择吃苦也就选择了收获，选择奉献也就选择了高尚。青年时期多经历一点摔打、挫折、考验，有利于走好一生的路"，"要不怕困难、攻坚克难，勇于到条件艰苦的基层、国家建设的一线、项目攻关的前沿，经受锻炼，增长才干"。

当前，在高等职业院校毕业生中，缺乏吃苦和艰苦奋斗的精神是一种较为普遍的现象，由此也造成了毕业生不愿意到一线艰苦的岗位工作。尤其是在农业类高等职业院校的毕业生中，一些毕业生不愿意到"三农"一线工作的现象较为普遍，造成人才资源浪费和农业企业"用工荒"。一方面，这是受"三农"工作环境艰苦、收入待遇低、得不到社会应有的尊重等因素的影响；另一方面，不可否认的是，毕业生缺乏吃苦和艰苦奋斗精神是更主要的原因。

　　党的十九大提出了"实施乡村振兴战略"的宏伟目标,但要实现乡村振兴的战略目标,关键是实现农业类技术技能型人才沉到"三农"一线去,通过实现乡村人才振兴促进乡村产业振兴。随着农业产业转型升级,特别是都市型现代农业的兴起,向循环农业等生态型农业种植模式的转型迫在眉睫,对农业技术技能型人才的需求愈加迫切。从小的方面讲,高等职业院校的大学生通过接受劳动文化教育养成吃苦耐劳和艰苦奋斗的优良品质,对其自身今后人生发展和奉献社会具有重要意义。从大的方面讲,开展劳动教育,使青少年通过劳动实践实现在改造自然的过程中改造自身,通过创造新创造新的历史,具有更加深远的历史意义和社会意义。

任务评价

　　1. 你认为劳动的意义和价值是什么?

　　2. 观察身边的劳动者,试着进行分类并总结特点。

能力拓展

　　谈谈你对劳动的理解。

项目一　　　　　　　　**任务卡 1**

班级	姓名	组号	学号	时间

任务		评价方法	

任务分工及执行情况	

总结	

心得体会	

自我评价	优秀□　　良好□　　及格□　　不及格□
同学评价	优秀□　　良好□　　及格□　　不及格□
教师评价	优秀□　　良好□　　及格□　　不及格□

任务二 劳动教育

学习目标

1. 了解中华人民共和国成立以来劳动教育的发展。
2. 了解新时代劳动教育的特征及原则。
3. 认识新时代劳动教育的主要内容。

学习任务

分别学习中华人民共和国成立以来劳动教育的发展，新时代劳动教育的特征、原则以及主要内容。

任务导入

中华人民共和国成立以来，"教育与生产劳动相结合"的理念贯穿了劳动教育发展的始终，但在不同的历史时期显现出不同的价值导向和实践形态。梳理中华人民共和国成立以来劳动教育的发展脉络，不仅可以让我们对劳动教育的历史有所了解，更使我们对当代的劳动教育有深入的理解，也为培养德智体美劳全面发展的社会主义建设者和接班人提供了重要的理念支撑。

习近平总书记在 2018 年全国教育大会上强调，要把劳动教育正式纳入培养社会主义建设者和接班人的总体要求之中，明确提出构建德智体美劳全面发展的教育体系。2020年 3 月 20 日，中共中央、国务院发布《关于全面加强新时代大中小学劳动教育的意见》（以下简称《意见》）。《意见》对新时代各级各类学校的劳动教育做了顶层设计和全面部署，意义重大，影响深远。时至今日，劳动教育之于国家、社会和个人发展的重要地位不曾改变，教育与劳动生产相结合的教育理念不曾改变。新时代劳动教育亟须拓宽教育视域，建构更为完整的育人体系，让更多的社会资源融入其中，形成强大的"教育融合力"。

任务准备

1. 每一名学生准备一个相关的事例进行分享。
2. 寻找与新时代劳动教育相关的内容进行阅读。

知识储备

新时代劳动教育具有多维、立体的价值内涵：在目标上，更加强调价值观的形成；在内容上，既要习得劳动知识，训练劳动技能，又要涵养劳动态度；在形式上，既体现为体力劳动，又包含脑力劳动，并致力于促进二者的有效融通。新时代劳动教育具有树德、增智、健体、育美等综合育人价值。劳动实践既是个体实现自我对象化的对象，又是个体从对象化的现实世界反观自我的载体，也是劳动者丰富社会关系属性的重要媒介。

任务实施

一、劳动教育的发展

中华人民共和国成立以来，我国教育获得了较大的进步与发展。劳动教育作为我国教育的重要内容之一，大致经历了以下三个发展阶段：第一阶段为 1949—1977 年，劳动教育的奠基与曲折发展时期。这一阶段的劳动教育关注学生尤其是各学段毕业生的体力劳动。第二阶段为 1978—2011 年，劳动教育的探索革新时期。此阶段劳动教育的目的是培养学生热爱劳动的思想和掌握基本的劳动技术。第三阶段为 2012 年至今，劳动教育的创新发展时期。此阶段要求学生获得良好技术素养，培养学生的综合素质。值得注意的是，为了实现每个阶段的劳动教育目的，国家都出台了相应的政策，要求实施不同的课程。

（一）劳动教育的奠基与曲折发展时期（1949—1977 年）

中华人民共和国成立初期，我国各领域建设百废待兴，为适应国家的发展需要，这一时期我国的主要任务是建设适应社会主义建设的新教育。毛泽东继承和发展了早期无产阶级领导人马克思、恩格斯关于教育与生产劳动相结合的观点，借鉴苏联的教育经验和教育模式，力图摸索出一条符合中华人民共和国实际情况的劳动教育之路。1949 年，第一次全国教育工作会议提出了教育要为无产阶级政治服务，与生产劳动相结合、与社会实践相结合的教育方针。1957 年，毛泽东在《关于正确处理人民内部矛盾的问题》中谈到，应该使受教育者在德育、智育、体育几方面都得到发展，成为有社会主义觉悟的有文化的劳动者。同时，学校必须将生产劳动列为正式课程，并在中学和小学分别增加了"劳动、手工劳动课"和教学工厂实习课程，主张边学习边劳动。在此期间，以毛泽东为核心的党中央高度重视劳动教育问题，其外显性表现为强调教育与生产劳动相结合，注重劳动的生产性和实用性，注重培养学生的动手能力和实践能力。但是在"文化大革命"期间，劳动人民知识化、知识分子劳动化的主张导致体力劳动者与脑力劳动者的对立。由于社会生产力发展不足，教育与生产劳动相结合被误解为要在生产劳动过程中改造人们的思想，忽视了教育的发展规律。但总体而言，毛泽东提出的一系列关于劳动教育的方针是符合当时国情的，教育与生产劳动相结合的教育方针，明确了中华人民共和国培养人才的方向，明确了劳动教育的发展方向，更重要的是，有助于我国培养一大批素质较高的社会主义社会劳动后备军。

(二)劳动教育的探索革新时期(1978—2011 年)

1978 年,邓小平在全国教育工作会议上指出,让教育事业同国民经济发展的要求相适应是重点,我们需要认真研究工作的方式方法,贯彻落实教育与生产劳动相结合的方针,培养合格的社会主义建设人才。随着改革开放的深入推进,我国面对的是与以往不同的新形势,拥有的是与以往不同的新条件。社会现代化生产的速度,要求我国必须拥有具备高水平、有经验、有技能的劳动者。党的十一届三中全会后,党的工作重心开始转移,随即对劳动等相关问题展开了一系列讨论。首先,提出"科学技术是第一生产力"的重要论断,强调重视科学技术及教育在劳动生产中的作用。1995 年,江泽民在"科学技术是第一生产力"的指导下提出"科教兴国"战略。他认为,经济的建设应该更多地依靠科技进步和高素质劳动者的劳动,要把提高全民族的科技文化素质作为教育目标之一。1998 年,教育部办公厅出台的《关于加强普通中学劳动技术教育管理的若干意见》明确指出:要把劳动技术教育纳入督导评估内容的指标体系,要把是否开设劳动技术课,是否重视劳动技术教育,作为评选教育先进单位和先进学校的重要内容之一。其次,在全国范围内倡导尊重知识与劳动。1982 年教育部印发《关于普通中学开设劳动技术教育课的试行意见》,这也是中华人民共和国成立以来首个对劳动教育考核有明确标准和要求的文件。文件不仅规定了初中及高中劳动技术教育课程的相关安排,而且将学生的劳动态度和劳动素养纳入"三好学生"的评选标准。最后,重申脑力劳动者的地位。党的十一届三中全会后,邓小平明确指出:要注重知识分子与工人农民相结合,知识分子是工人阶级的一部分,也是社会主义现代化建设的一支基本力量。在 21 世纪的时代背景下,要建设现代化的社会,除了坚持教育与社会实践相结合,还必须培养大量高素质的劳动人才,故必须把经济建设转移到依靠科技进步和提高劳动者素质的轨道上来。2004 年以来,劳动教育相关信息出现的频次越来越高,中国共产党高度重视劳动教育工作,为大力推进校企合作、工学结合,加强勤工俭学和劳动实践提供实现依据,并在 2005 年全国劳动模范表彰大会上指出要全面贯彻"四个尊重"的方针。胡锦涛根据全面建设小康社会的时代特点,倡导要在全社会范围内形成尊重劳动、尊重知识、尊重人才的良好社会风气,进一步推进了劳动教育的发展。

(三)劳动教育的创新发展时期(2012 年至今)

党的十八大以来,习近平总书记曾多次强调劳动的地位和劳动的作用。习近平总书记在全国教育大会上强调:新时代下,改革开放与社会发展对教育和学习提出了新的更高的要求。通过劳动教育,要让学生形成正确的劳动观,要让学生意识到劳动是实现个人全面发展的基础。这是习近平总书记对我国劳动教育方针准确的阐释,凸显出劳动教育在习近平新时代中国特色社会主义建设中的重要作用,回答了新时代下"怎样培养人"的问题,明确了劳动的价值和劳动教育的重要性。2019 年教育部工作要点明确指出,要大力加强劳动教育,全面构建实施劳动教育的政策保障体系,教育法修订,将"劳"纳入教育方针。新时代下的劳动教育,旨在树立学生正确的劳动观念和劳动态度,养成学生勤于劳动、善于劳动的习惯和本领,让学生意识到劳动是实现个人全面发展的基础,素质和技能是立身之基和立业之本。近年来,党中央及国家相关机构在有关教育改革和教育决策部署中,无一例外地都提到培养学生劳动意识和劳动习惯的问题。教育部等部门印发的《关于加强中小学劳动教育的意见》中明确提出，要"充分发挥劳动综合育人功能……促进学生德智体美劳全面发展"。习近平总书记在全国高校思想政治工作会议上进一步强调教育同生产劳动和社会实践相结合的重要性，希望广大青年劳动者通过劳动砥砺意志、锤炼品格、增长才干、塑造健全人格，通过劳动不断提高综合素质与劳动素养，练就真本领。

二、新时代劳动教育

（一）新时代劳动教育的特征

现今，学校教育中的"新时代劳动教育"观念需要体现"新经济"特征，体现"正能量"要求，体现"大教育"格局，体现"现代化"劳动，体现"共益性"机制。这样的劳动教育才是"新时代劳动教育"。

1. 服务与创新

新时代劳动教育要顺应经济转型。随着第三产业的逐步兴起，服务行业已经成为社会劳动的主要方面，成为经济发展的支柱之一，成为"就业率"提升的依靠。第三产业的发展需要大量服务行业的劳动者。学校应该加大服务劳动的教育，教育学生学会服务、愉快服务、高质量服务。随着科学技术特别是信息技术发展的日新月异，互联网的强劲兴起，经济转型需要大批懂得新技术、会用新技术的新型劳动者。学校是为社会经济发展培养人才的地方，新时代培养新技术人才是当务之急。

2. 建设与接班

新时代劳动教育要助推社会主义建设。中国是社会主义制度的国家，我国的教育是社会主义性质的教育，我国的劳动教育也要符合社会主义教育的根本要求。新时代劳动教育呈现多元叠加态势，生产与技术、知识与价值、信息与文化、时间与空间等劳动要素的相互耦合与迭代比以往任何时代都更为复杂、更加迅速。新时代劳动教育要助推社会主义建设。因此，新时代劳动教育要把社会主义核心价值观融入学校的劳动教育，强调学校劳动教育的敬业的精神、爱国的思想、诚信的品质、友善的态度，社会主义核心价值观要成为学校劳动教育的灵魂。

3. 多维融合

新时代劳动教育要有大格局。新时代劳动教育是一种以满足个体需求为前提的劳动教育新形态，具有典型的公共性特征。新时代劳动教育致力于在社会关系中复归人性，体现人的物质性与精神文化价值，凸显"存在总是某种存在者的存在"的存在论哲学，彰显"人的根本就是人本身"的劳动教育价值观。

新时代劳动教育是开放的、合作的、现代化的。因此，新时代劳动教育必须"家校社"合作，在"大教育观"的指导下，由"家校社"合作共同完成：学校应该是劳动教育的主导，主要对劳动教育进行规划、指导与考核；家庭是劳动教育的主阵地，主要主持学生劳动教育的实施与管理；社会是劳动教育的大学校，主动为学生劳动教育提供充分的场所与条件。

4. 现代化与创新

新时代劳动教育需要劳动现代化，致力于促进学生个体的创造性发展，"敢探未发明的新理""敢入未开化的地域"。劳动教育现代化，就是要用现代先进的教育思想和科学的教育技术武装学生，使学校的劳动教育的思想与观念、目标与内容、方法与手段、机制与评价以及校舍与设备逐步提高到世界先进水平，培养适应国际经济竞争和综合国力竞争的新时代劳动者和高素质人才。

5. 自益与公益

新时代劳动教育需要双方"共益"。学校劳动教育需要讲究"自益"，通过自己的劳动让自己受益，为自己而劳动；学校的劳动教育还要讲究"他益"，通过自己的劳动让他人受益；学校的劳动教育更要讲究"公益"，服务社区与国家，是劳动的终极追求。从"自益"到"他益"，再到"公益"，这是学校劳动教育的三重境界。

（二）新时代劳动教育的原则

1. 把握育人导向

劳动教育是中国特色社会主义制度的重要内容，决定了社会主义建设者和接班人的精神面貌、价值取向和技能水平。党的十八大以来，各地区和学校坚持教育与生产劳动相结合，在实践育人方面取得了积极成效。同时也要看到，一些学生群体中存在不珍惜劳动成果、不想劳动、不会劳动的现象，劳动的独特育人价值在一定程度上被忽视，劳动教育被淡化、弱化。培养担当民族复兴大任的时代新人，必须着力提升学生的综合素质，促进学生德、智、体、美、劳全面发展和身心健康成长。

要解决这些问题，需要把准育人导向，引导学生树立正确的劳动观，形成劳动最光荣、劳动最崇高、劳动最伟大、劳动最美丽的观念。崇尚劳动、尊重劳动、辛勤劳动、诚实劳动，以创造性劳动报效国家、奉献社会。

2. 遵循教育规律

新时代劳动教育必须遵循教育规律，遵循学生的身心成长规律，符合学生年龄特点，以体力劳动为主，注意手脑并用、安全适度。为此，需要根据不同阶段的学生特点进行系统设计。大学阶段，将学生的创新创业能力培养作为重要目标，引导大学生积累职业经验，树立正确的择业观，培养到艰苦地区和行业工作的奋斗精神，懂得空谈误国、实干兴邦的道理。职业院校可根据劳动教育新要求，调整和优化专业人才培养方案，在抓好职业技术教育的同时，强化劳动精神、劳模精神、工匠精神教育，让学生增强职业荣誉感，感受和体会平凡劳动中的伟大。加强劳动教育，需要强化实践体验，让学生亲历劳动过程，提升育人实效性。教育引导学生砥砺奋斗、吃苦耐劳，在劳动中创造财富和价值，通过劳动过程中创造性的实践活动及其成果感受劳动的乐趣，激发永远奋斗的精神。

3. 体现时代特征

中华民族是一个勤于劳动、善于创造的民族。从《尚书》中的"克勤于邦，克俭于家"，到《国语》中的"民劳则思，思则善心生"，再到《朱子家训》中的"黎明即起，洒扫庭除，要内外整洁"，诸多古训格言都彰显了勤俭自持、耕读传家的中华传统美德。当今时代，随着经济社会发展，劳动形态发生巨大变化。这就要求劳动教育与新技术、新产业、新业态相呼应，挖掘劳动教育新内涵，创新劳动教育形式，鼓励学生运用多学科知识，开展创造性劳动，使新时代劳动教育适应科技发展和产业变革要求。深化产教融合，改进劳动教育方式。强化诚实合法的劳动意识，培养科学精神，提高创造性劳动能力。劳动教育要与树德、增智、强体、育美相结合，实现道德的提升、智慧的增长、体质的强健、美感的涵养，进一步彰显劳动教育在新时代的综合育人价值。

4. 强化综合实施

新时代劳动教育具有较强的社会性，需要全社会共同努力、合力推动。主管部门需要加强统筹，拓宽劳动教育途径，通过相应政策支持劳动教育，建立和完善科学有效的劳动教育激励、督导和评价机制，推动劳动教育有目标、有计划、有针对性地进行。与此同时，推动建立家庭、学校、社会各方面齐抓共管、协同实施的机制。家庭劳动教育注重日常化，发挥家庭在劳动教育中的基础作用，树立崇尚劳动的良好家风，抓住衣食住行等日常生活中的劳动实践机会，让孩子从小培养起热爱劳动的习惯。学校劳动教育注重规范化，发挥学校在劳动教育中的主导作用，切实承担实施劳动教育的主体责任，明确实施机构和人员，开齐开足劳动教育课程。社会劳动教育注重多样化，发挥社会各方面在劳动教育中的支持作用，利用各类资源为劳动教育提供必要保障，营造良好舆论氛围，形成协同育人格局。

5. 坚持因地制宜

结合不同地区和学校在自然、经济、文化等方面的条件，发掘行业企业、职业院校等可利用资源，宜工则工、宜农则农，采取多种方式开展新时代劳动教育。利用现有综合实践基地、青少年校外活动场所、职业院校和普通高等学校劳动实践场所，建立健全开放共享机制。农村地区可安排相应土地、山林、草场等作为学农实践基地，城镇地区可确认一批企事业单位和社会机构作为学生参加生产劳动、服务性劳动的实践场所。政府部门可协调和引导企业公司、工厂农场等组织履行社会责任，开放实践场所，支持学校组织学生参加力所能及的生产劳动、参与新型服务性劳动，使学生与普通劳动者一起经历劳动过程。鼓励高新企业为学生体验现代科技条件下劳动实践新形态、新方式提供支持。工会、共青团、妇联等群团组织以及各类公益基金会、社会福利组织，可组织动员相关力量，搭建活动平台，共同支持学生深入城乡社区、福利院和公共场所等参加志愿服务，开展公益劳动，参与社区治理。通过多方力量、多种形式，促进新时代劳动教育不断深化、落地生根。

（三）新时代劳动教育的主要内容

新时期劳动教育的实施，必须深入贯彻落实立德树人根本任务，始终坚持以党的"五育并举"教育方针为指导，重点解决长期以来人才培养中劳动教育缺位的问题，突出劳动教育与专业教育结合、劳动教育与思想政治教育工作结合、劳动教育与"双创"教育结合、劳动教育与社会实践结合等重要原则，把准劳动教育的价值取向，深化落实全员、全过程、全方位育人理念，培养综合素质全面发展的时代新人。

劳动教育要落到实处必须借助于完备的劳动教育课程体系，包括明确课程目标、遴选课程内容、搭建实践平台、制定课程评价标准等。

第一，明确劳动教育课程目标。新时代劳动教育旨在帮助受教育者形成尊重劳动、热爱劳动、奉献劳动的劳动观念，塑造人人平等、勤俭奋斗、创新奉献的劳动精神，养成热心参与、脑体并用、持续改进的劳动习惯。如通过日常生活劳动，培养学生独立生活能力，传承勤俭节约的家风；通过服务性劳动，强化社会责任和奉献精神；通过生产性劳动，培养吃苦耐劳、精益求精、创新进取的品质。

第二，遴选劳动教育课程内容。新时代劳动教育课程应凸显多样性、层次性和结构性等特征，有效回应劳动教育目标，契合学生发展需求，包括课程单元、组织方式、时间分配、师资配备、场地设计等。

第三，搭建劳动教育实践平台。我们要将劳动教育目标融入劳动教育课程，需实现空间转移和内容转化，为劳动教育搭建多元化实践平台。如学校可围绕校内劳动、校外劳动、农场劳动和社会服务公益劳动创设实践基地。

第四，制定劳动教育课程评价标准。在明晰目标、创新方法和优化路径基础上，如何完善评价机制是劳动教育的"最后一公里"。劳动教育应重视参与者的体验感、获得感和价值观，通过形成性评价，强化劳动体验，树立劳动观念，端正劳动态度，培养劳动习惯。

任务评价

1. 新时代劳动教育的意义是什么？
2. 站在学生的角度，如何践行新时代劳动教育？

能力拓展

1. 总结我国劳动教育的发展历程。
2. 谈谈你对新时代劳动教育的理解。

项目一　　　　　　　　**任务卡 2**

班级		姓名		组号	学号		时间	
任务					评价方法	视频、照片		
任务分工及执行情况								
总结								
心得体会								
自我评价		优秀□	良好□		及格□		不及格□	
同学评价		优秀□	良好□		及格□		不及格□	
教师评价		优秀□	良好□		及格□		不及格□	

项目二
劳动价值观

工匠精神

王进：用生命保障万家灯火

在纪录片《大国工匠》的第一期里，国家电网人王进以一种不妥协的、创新的、无所畏惧的姿态成了 1000 kV 高压线路带电作业第一人。他立于百米高空，在"刀锋"上起舞，守护着岁月通明、万家灯火。

二十多年的平凡坚守，王进的脚步走过黄河沿岸，穿过沂蒙山区，跨过鲁冀交界，也到达过黄海之滨。特超高压线路是数条无止尽的道路，伴随着这些无止尽的道路，王进的脚步也从未停止。无论是徒手爬 60 层楼高的杆塔，还是踩在离地数十米高空中的电缆线上手脚并用操作，再或是双腿坐在一根导线上，用双手完成作业，这些看似超乎寻常的事，对王进来说却是家常便饭。二十年如一日地面朝线路，王进磨炼出了一身硬本事。曾有人用心统计过，王进共计为电网安全排除故障 500 余处，避免电量损失超过 3 亿 kW·h，以当前居民电价计算，减少的经济损失高达 1.5 亿元。

不惧霜寒、不惊荣辱、不谋私利、不辞辛苦，是王进的真实写照。劳模，用导演张艺谋的话来说，就是不断训练、磨炼自己的那点手艺，让他在面对即将到来的问题的时候，能拿出自己的办法。

多年来，对自己从事的工作，王进始终有一份深深的自豪感、使命感。他用自己的实际行动生动诠释了"劳动最光荣、劳动最崇高、劳动最伟大、劳动最美丽"，在实现中华民族伟大复兴的新征程上，谱写了新时代的劳动者之歌。

（https://mp.weixin.qq.com/s/sd1PxRKScz3_uyX7odeB2A，有改动）

任务一　马克思主义劳动观

1. 了解马克思主义劳动观的概念及内涵。
2. 了解树立马克思主义劳动观的意义。
3. 认识践行马克思主义劳动观的途径。

学 习 任 务

分别学习马克思主义劳动观的概念及内涵、树立马克思主义劳动观的意义以及践行马克思主义劳动观的途径。

任务导入

真正实现每一个人的自由发展，使"劳动成为生活的第一需要"，是马克思、恩格斯一生为之奋斗的理想追求。在人类从猿进化为人的过程中，无论是制造工具、直立行走，还是人类社会关系的产生，劳动都起着至关重要的作用。而人类劳动的能动性把人与动物区别开来。因此，研究人类社会必须从研究人类社会的劳动开始。

任务准备

摘抄三句关于马克思主义劳动观的经典名言。

知识储备

马克思指出，任何一个民族，如果停止劳动，不用说一年，就是几个星期，也要死亡，这是每一个小孩都知道的。但劳动并非仅此作用。马克思又指出："每个人无论生产什么，还是怎样生产，以及他们的外在表现，都是由物质生产条件所决定的。"劳动在满足人类生存的前提下还创造了人，人与其从事的生产劳动具有一致性。因此，马克思认为"劳动创造了人本身"。但人的劳动和动物的劳动又是不同的，人不仅能按照自己种族的需要进行生产劳动，还能进行创造性生产劳动，人的劳动是有意识的能动性的劳动。因此，恩格斯指出，马克思主义"在劳动发展史中找到了理解全部社会史的锁钥"。

任务实施

一、马克思主义劳动观的概念及内涵

劳动价值论是马克思经济学说的理论基础。马克思的全部经济理论都是建立在劳动价值论基础之上的。马克思通过对自由资本主义时期市场经济经验的总结，在批判地继承古典学派劳动价值论的基础上，创建了科学的劳动价值论。

(一)马克思著作中的劳动概念

马克思不同著作中的劳动概念是不同的，就其实质而言，主要有"自由劳动""物质劳动""雇佣劳动"等三种不同表述。在《1844年经济学哲学手稿》中，马克思从人的自由本性角度来把握劳动的内涵，整部手稿渗透着哲学意义上的劳动意蕴："劳动是人在外化范围之内的或者作为外化的人的自为的生成。"以自由劳动为价值标尺，马克思将资本主义条件下的劳动视为异化劳动。马克思在《德意志意识形态》中交替使用"感性活动""物质生活生产""感性劳动"等术语。马克思通过物质劳动构建唯物史观的理论基础。物质劳动被诠释为满足人的基本需要的活动，而非之前的理解——人的本质对象化。"人们为了能够'创造历史'，必须能够生活。但是为了生活，首先就需要吃喝住穿以及其他一些东西。因此第一个历史活动就是生产满足这些需要的资料，即生产物质生活本身。"自主活动是物质劳动的对应范畴。物质劳动与自主活动分离的根源在于分工，只有消灭了分工，才能实现"劳动向自主活动的转化"。尽管马克思否弃了哲学意义上的劳动概念，提出了"物质劳动"的概念，但如此这般的劳动还是"一般劳动"。因此，马克思随后揭示出资本主义条件下的劳动形式。物质劳动在资本主义私有制下的实现形式是"雇佣劳动"。在《哲学的贫困》中，马克思开始以经济学意义上的雇佣劳动来剖析现代社会；在《共产党宣言》中，马克思揭示出雇佣劳动与资本之间既对立又依赖的关系。但对雇佣劳动的完整解读还是在《资本论》及其手稿中完成的。所谓雇佣劳动，就是"严格的经济学意义上"的劳动。"雇佣劳动是设定资本即生产资本的劳动，也就是说，是这样的活劳动，它不但把它作为活动来实现时所需要的那些对象条件，而且还把它作为劳动能力存在时所需要的那些客观要素，都作为同它自己相对立的异己的权力生产出来，作为自为存在的、不以它为转移的价值生产出来。"雇佣劳动是资本主义社会特有的产物，它的出现以所有权和劳动相分离为前提条件，劳动者不得不出卖自己的劳动力而受资本家的剥削，劳动丧失其实际意义，变成资本家获取剩余价值的生产活动。以雇佣劳动为核心的资本主义系统是一个剥削、对抗的系统，表现为死劳动支配活劳动、物支配人。

(二)劳动概念的两种解释模式

马克思对劳动概念的理解存在两种不同的解释模式。第一种是哲学的解释模式，强调劳动是人的本质、人的自我实现；第二种是经济学的解释模式，强调劳动是人类改造自然的物质活动，是满足人的需要、创造物质价值的活动。马克思通过两种不同的劳动概念对

现代性和资本主义展开了一个总体性批判。

图 2-1-1　马克思雕像

二、树立马克思主义劳动观的意义

马克思主义劳动观主要建立在对资本主义条件下劳动的批判基础上。但是，它对于社会主义市场经济条件下的中国同样具有重要的规范意义。

（一）劳动的伦理向度

马克思的自由劳动以及劳动伦理思想对于当下中国社会具有重要的规范和引导意义。中国是社会主义国家，更应当以劳动者为主体，实现自由劳动，促进人的全面而自由的发展。作为人的"生活的第一需要"的自由劳动是未来社会的劳动形式，但在现有的社会条件下，劳动更多的是"谋生的手段"，但这仍然要求我们审视劳动的伦理向度，从人的全面自由发展角度来调整现实的劳动关系，创造各种条件让劳动者在劳动中得到尊严和尊重，促进人的自我实现。体面劳动是贯彻马克思自由劳动以及劳动伦理思想的现实实践形态。坚持以人为本的、具有伦理关怀的劳动理念，就是要让劳动者体面地劳动。"体面劳动"（decent work）的概念最早由国际劳工组织在第 87 届国际劳工大会上提出，基本内容包括：保障劳动者的就业条件及在工作中免受歧视；劳动者收入能够满足基本经济、社会、家庭以及个人发展的需要；劳动者享受充分的社会保障和劳动权利；劳动者有表达自我意愿和参与劳动管理的机会。体面劳动的核心是维护劳动者权利，保证劳动者的劳动是体面的、有尊严的和自我发展的劳动。体面劳动概念提出后，在中国得到积极反响，受到党和政府的积极关注。马克思自由劳动理念是体面劳动的根本伦理目标和指向，它在现实层面上可以具体化为四个方面，即基本权利、平等就业、社会保护以及社会对话，它们成为衡量体面劳动实现程度的主要标准。根据这四个方面的标准，当前我国劳动关系还面临一系列严峻的现实问题，它们影响了体面劳动的实现。坚持以人为本的自由劳动观，促进劳动者体面劳动，需要从以下四个方面不断努力。

第一，劳动报酬是劳动者的基本经济权利，也是体面劳动的最重要的保障。实现劳动者的体面劳动，就是要不断增加劳动者的劳动报酬，与经济社会发展的速度相适应；劳动者的收入能够保证自己及家庭过上体面的、有尊严的生活。

第二，提供充分、体面的就业机会，这是实现劳动者体面劳动的前提。当前我国劳动者面临严峻的就业形势，仍然存在诸多方面的就业歧视。实现劳动者平等就业任重道远。

第三，为劳动者提供有效的社会保护。体面劳动的社会保护主要包括职业安全卫生和社会保障。客观地说，我国相当多的劳动者特别是农民工的生命权、健康权、安全权以及养老、医疗等方面的社会保障没有得到有效的社会保护，他们从事的工作离体面劳动还比较远。

第四，促进工会、雇主组织和政府之间的社会对话。这就要求工会和政府在维护劳动者合法权益上发挥积极作用。

(二) 劳动的价值向度

马克思劳动价值向度有两个方面：价值论和价值观。劳动价值论(包括剩余价值论)是马克思从经济学角度研究资本主义的理论基石。与此同时，马克思对商品、货币和资本拜物教的分析不仅是政治经济学的，也是一种意识形态批判，从价值观角度批判资本主义物化本质。马克思在古典政治经济学的基础上，发展了劳动价值论，指出具体劳动形成使用价值，抽象劳动创造价值。

马克思是劳动价值论的一元论者，他认为任何价值都是人的劳动的产物，土地、资本、机器设备等生产要素在生产过程中只进行价值转移，其本身并不创造价值。马克思劳动价值论创立一百多年后，当代世界和中国经济结构及社会现实都发生了重大变化：一方面，人的劳动形态日益多样化和复杂化，社会生产由以体力劳动为主转变为以脑力劳动为主，管理劳动、服务性劳动在生产中占据的比重越来越大。另一方面，信息、知识、科技等日益成为独立的生产要素，作用越来越突出。正是在这样的背景下，一些人认为马克思劳动价值论过时了。实际上，当代社会的经济生活并未超出劳动价值论的范畴。在马克思生活的那个时代，创造价值的劳动主要是直接生产者的劳动；在当代社会，劳动具体形式不管如何改变，也都没有突破劳动价值论的核心要点：人的劳动创造价值。现实中的劳动仍然是由人进行的，是人的体力和脑力的支出。科技、知识等生产要素不断进入劳动过程中，但并不进入价值形成和价值增值过程，劳动仍然是创造价值的唯一源泉。另外，我们不能将价值生产与价值分配混淆，承认生产要素参与价值分配，不等于承认它们是创造价值的源泉。因此，马克思劳动价值论仍然具有科学性，在当今中国坚持、强调劳动价值论具有极强的现实针对性。劳动是财富的源泉，劳动者是实现社会进步和国家富强的主体，必须充分发挥劳动阶级的主力军作用。我们党提出以人为本的理念，其核心是以劳动者为本。然而，某些地方政府为了调动投资者的积极性，过分倾向于按生产要素进行分配，造成了劳动收入与非劳动收入的严重失调。按生产要素分配是市场经济条件下的分配原则，但必须与体现社会主义基本价值的按劳分配原则有机结合起来。商品、货币和资本拜物教在价值观层面上显现为金钱至上、功利主义和享乐主义等。我们应当树立马克思的劳动价值观，自觉抵制功利主义等思想的泛滥。在马克思那里，劳动既是一种历史观，也是一种价值观。马克思在价值观和意识形态层面上，批判资本主义将资本视为"普照的光"、将"不劳而获"视为人生价值追求。马克思将劳动写在社会主义价值的大旗上，劳动价值观是社会主义核心价值观的基本内容。真正体面的生活，是从事劳动，而不是拥有物质资本。坚持马克思劳动价值观的核心在于树立"劳动光荣"的价值理念。党的十八大报告提出，要营造劳动光荣、创造伟大的社会氛围。习近平总书记进一步强调，"必须牢固树立劳动最光荣、劳动最崇高、劳动最伟大、劳动最美丽的观念"。总而言之，马克思劳动价值观的现实启示是"勤劳致富"和"劳动光荣"的理念应当深入人心。

(三)劳动的自治向度

《资本论》中存在两种意义的"占有"：一是所有权意义上的，即资本家对劳动力的占有与剥削；二是劳动过程支配权意义上的，即资本家对生产组织的实际占有。劳动解放既包括劳动者从私有制的束缚中解放出来，又涉及从劳动过程中解放出来。马克思批判资本主义条件下的劳动组织(以及管理)是专制式的，带有各种"奴役的锁链和它们的目前的阶级性质"，因此还"需要一种新的生产组织"。马克思设想的未来社会的生产组织形式是"联合起来的社会劳动"，在生产资料共同占有的前提下，联合起来的劳动者按照共同的合理的计划进行社会劳动。马克思的"劳动者自由联合体"在现有条件下还无法实现，但其蕴含的劳动自治、劳动组织管理民主化、人道化等理念对当前中国构建和谐劳动关系、实现体面劳动具有重要的指导意义。

三、践行马克思主义劳动观的途径

当代大学生肩负着建设国家的使命，树立正确、科学、积极的劳动观是必要的前提。当代大学生劳动观教育存在的问题皆由社会、学校、家庭以及个人等因素造成，那么对当代大学生进行劳动观教育也应由社会、学校、家庭以及个人四方面相互配合。

(一)拓宽社会劳动观教育的渠道

劳动观教育的成功是培养社会人才的重要途径，一个成功的社会人才，会得到更多社会各方面的认可。首先，社会要呼吁更多的人意识到劳动观教育的重要性，关注劳动观教育的成果，让更多人看到劳动人民的美；其次，政府应出台相应的制度，肯定劳动观教育的意义，营造一种热爱劳动的良好社会氛围；最后，要懂得如何利用社会和政府的资源对当代大学生进行思想上的灌输，树立科学、积极的劳动观。因此，拓宽社会劳动观教育的渠道是必要的。

(二)深化高校劳动观教育的关键作用

当代大学生从步入校园到走进社会，最重要的学习时间都是在学校里。学生在学校里学习知识、学习就业技能、学习处事能力、学习劳动能力等，学校对学生有着指引作用。因此，对当代大学生要进行全方位的培养，而劳动观教育作为当代大学生全面发展的重要内容，也是各方面素质教育的基础。学校要引导学生树立正确的劳动观，并让他们正确地理解劳动观教育的重要含义，对个别劳动观偏颇的学生，应及时进行正确的指导，并结合劳动实践，让学生切身体会劳动带来的快乐与收获，使当代大学生德智体美劳得到全面的提高。在设置课程上不应局限于校内，还应与校外的一些活动相结合，让学生更加贴近地接触社会，对一些穷苦的工农群体、基层工种的群体有更加直观的认识，有更加具体、更加生动的教育经验，让当代大学生更加理解这些群体，更加珍惜劳动成果。

(三) 奠定家庭劳动观教育的基础作用

家庭作为孩子的第一所学校，父母作为孩子的第一任老师，对于让孩子树立正确的劳动观是责无旁贷的。家长的劳动观直接影响到孩子的劳动观，因此，首先，家长应自我评判什么是正确的劳动观，并意识到劳动观的重要性，且要做到以身作则，教育孩子正确看待体力劳动者——不管是体力劳动者还是脑力劳动者都是值得我们尊重的。其次，家长应引导并带动孩子积极劳动，在周末或是闲暇之时，可以陪伴孩子一起进行田间劳动，也可以在家一起打扫卫生，让他们体会劳动带来的快乐和收获，也让他们明白劳动成果的来之不易，并让他们养成"我劳动、我快乐"的意识，培养他们的独立性以及自我服务的习惯。

(四) 发挥学生劳动观教育的本体功能

不管社会、学校还是家庭的影响如何，影响劳动观教育最重要的还是在于当代学生自身的领悟与行动。在充分认识到劳动观教育的重要性和充分理解劳动观的概念的情况下，当代学生应真正将劳动观念内化于心，外化于行，并充分发挥劳动观教育的自觉性。学生作为国家未来的建设者和接班人，要真正意义上体会劳动过程的快乐和美，将书本上所学的知识在生活中、学习中充分发挥出来，将理论与实践完美结合，通过劳动实现人生的理想，坚决摒弃懒惰、自私等不良行为，打心底认同劳动为美德，自觉履行应尽的责任和义务，成为积极向上、有冲劲、有理想、有担当的接班人。

任务评价

1. 马克思主义劳动观在当今时代有何具体意义？
2. 作为新时代大学生，我们该如何践行马克思主义劳动观？

能力拓展

主动学习有关马克思主义劳动观的原著。

项目二　　　　　　　　　　　任务卡 1

班级		姓名		组号	学号		时间
任务					评价方法	视频、照片	
任务分工及执行情况							
总结							
心得体会							
自我评价		优秀□　　良好□　　及格□　　不及格□					
同学评价		优秀□　　良好□　　及格□　　不及格□					
教师评价		优秀□　　良好□　　及格□　　不及格□					

任务二　劳动精神、劳模精神、工匠精神

1. 把握劳动精神、劳模精神和工匠精神的内涵与特征。
2. 了解劳动精神、劳模精神和工匠精神的当代价值。
3. 认识践行劳动精神、劳模精神和工匠精神的途径。

学习任务

分别学习劳动精神、劳模精神和工匠精神的内涵与特征、当代价值，以及践行劳动精神、劳模精神和工匠精神的途径。

任务导入

中华民族是热爱劳动、善于劳动的民族，几千年来，中国人民用勤劳的双手创造了无可替代的辉煌历史。三峡工程、南水北调、西气东输、杂交水稻、载人航天等激动人心的辉煌成就背后，是无数劳动者的心血。劳动精神、劳模精神和工匠精神，是广大劳动群众在从事社会生产的劳动实践中锤炼而成的，是工人阶级和广大劳动群众弥足珍贵的精神财富。党的十八大以来，习近平总书记立足于中国特色社会主义新时代的历史方位，多次就劳模精神、劳动精神、工匠精神（以下简称"三种精神"）发表重要讲话并作出重要指示。这些讲话和指示立意高远、思想深邃、内涵丰富、饱含深情，科学界定了"三种精神"的丰富内涵，系统回答了事关"三种精神"的重大理论和实践问题，具有很强的政治性、思想性、理论性、实践性和指导性。

任务准备

1. 每一名学生准备一个相关的事例进行分享。
2. 寻找与劳动精神相关的内容进行阅读。

知识储备

劳动精神是关于劳动的理念认知和行为实践的集中体现，在理念认知上表现为全社会

尊重劳动、崇尚劳动、热爱劳动；在行为实践上表现为劳动者辛勤劳动、诚实劳动、创造性劳动。

"爱岗敬业、争创一流，艰苦奋斗、勇于创新，淡泊名利、甘于奉献"的劳模精神，是工人阶级伟大品格的具体体现。生动诠释了社会主义核心价值观，丰富了民族精神和时代精神的内涵，是激励全国各族人民团结奋斗、勇往直前的强大精神力量。在我们党团结带领人民进行革命、建设、改革的各个历史时期，广大劳动模范以高度的主人翁责任感、卓越的劳动创造、忘我的拼搏奉献，谱写出一曲可歌可泣的动人赞歌，为全国各族人民树立了光辉的劳动榜样。

工匠精神包括职业技能、职业素养、职业理念等多个层次，是一种钻研技能、精益求精、敬业担当的职业精神。

任务实施

一、劳动精神

(一)劳动精神的内涵

"崇尚劳动、热爱劳动、辛勤劳动、诚实劳动"是劳动精神的内涵。其中，"崇尚劳动"是树立正确的劳动价值观，充分认识到"劳动最光荣、劳动最伟大、劳动最崇高、劳动最美丽"。"热爱劳动"是培养正确的劳动态度，促进劳动者自觉劳动、积极劳动、主动劳动。"辛勤劳动"是对劳动过程及其强度的充分肯定，表明要充分遵循劳动的客观规律以及要达到的劳动强度，体力劳动要付出辛劳和汗水，脑力劳动也要付出智慧和心血。"诚实劳动"是对劳动者品德的客观规定，表明劳动要踏踏实实、求真务实、真抓实干、实事求是。

(二)劳动精神的主要特征

劳动精神在新时代具有更为深刻的内涵。爱岗敬业、勤奋务实是劳动的固有本色。一方面，爱岗敬业是劳动精神的基本要求。爱岗敬业体现的是对劳动的尊重、崇尚和热爱。勤奋务实是劳动精神的核心要义。勤奋是打开成功之门的钥匙，只有勤劳肯干、勤学苦练，才能不断实现自我突破，才能开辟人生和事业的前程。务实，就是要脚踏实地、拒绝空想，就是要真抓实干、不务虚功。另一方面，劳动精神在新时代具有诚实守信、艰苦奋斗的鲜明特色。诚实守信是劳动精神的立足基点。诚信是指人与人之间坦诚相待，信守诺言，强调内诚于心、外信于人。新时代赋予艰苦奋斗以新的内涵，要求我们在思想上增强不怕困难的意识，坚定克服困难的信心；在意志上保持昂扬的朝气、奋进的锐气；在行动上不怕苦、不怕累，吃苦在前，享乐在后。

(三)劳动精神的当代价值

1.弘扬劳动精神是全面建设社会主义现代化国家的时代诉求

劳动是助推社会发展的引擎，是通往美好未来的阶梯。建设社会主义现代化强国，呼唤敢为人先、开拓进取的创新性劳动精神，推动我国实现科技自立自强，解决"卡脖子"的技术难题；呼唤刻苦钻研、精益求精的劳动精神，以知识和技能为核心驱动力，推动实现高质量发展；呼唤敬业担当、苦干实干的劳动精神，脚踏实地，把实体经济做实做强做优。建设现代化强国，需要一支知识型、技能型、创新型劳动者大军，在劳动精神的号召下，发挥工人阶级主力军作用，撸起袖子加油干。

2.弘扬劳动精神是培养高尚道德情操的实践要求

中华民族自古以来就是热爱劳动的民族，以崇尚劳动、尊重劳动者为表征的劳动精神是中华民族的宝贵精神财富，是培育和践行社会主义核心价值观的原生要素，理应成为全社会每个人的精神底色。然而，随着科技和社会的急速发展，劳动主体、劳动形式等发生了巨大的变化，劳动范畴丰富化、经济主体多元化、思想多元化、价值多元化、利益诉求多元化等对人们传统的劳动价值观念产生了巨大冲击。在这种环境下，更需要大力弘扬劳动精神，端正人们对劳动的认知，培养高尚道德品质，提高中华民族整体思想道德水平，推进社会主义精神文明建设。

3.弘扬劳动精神是贯彻落实以人民为中心发展理念的重要支撑

以人民为中心的发展理念贯穿习近平治国理政思想和实践，是马克思主义价值观的时代彰显，是中国共产党的最高价值遵循。劳动精神坚持以人民为中心的价值导向，奉行"发展依靠人民，发展为了人民，发展成果由人民共享"的理念，体现了劳动主体与劳动目的的统一。一方面，劳动精神充分肯定了劳动人民的主体地位，尊重和鼓励一切劳动者以及他们的劳动创造，使广大人民群众在劳动中感受到幸福感和获得感。另一方面，劳动精神坚持劳动使人幸福的共享理念，通过辛勤劳动获得实实在在的利益，更加公平地享有劳动成果。新时代弘扬劳动精神，就是激励广大劳动者积极投身于中国特色社会主义伟大事业建设之中。

4.弘扬劳动精神是培育社会主义建设者和接班人的必备举措

当前，加快建设宏大的知识型、技能型、创新型劳动者大军迫在眉睫。劳动精神培育是培养和造就时代新人的必然要求。围绕培育时代新人这个重大命题，应在全社会尤其是学校教育中培育和弘扬劳动精神，引导青少年树立正确的劳动价值观，培养良好劳动态度，涵养深厚的劳动情怀，培养高尚的劳动品质，激发广大青少年的积极性、主动性和创造性。在劳动的过程中，促进青少年的道德品质、智力水平、体力水平和审美能力充分提升，并实现自我价值与社会价值的统一，最终实现人的自由全面发展。

(四)践行劳动精神

1.尊重劳动，重构劳动认同

我们应当牢固树立尊重劳动的思想观念，对一切创造物质财富和精神财富的劳动、一切有益于人民和社会的劳动，都应该承认、尊重和保护，包括尊重其合法权利、实现其合理报酬以及给予应有的褒奖等。要尊重和保护一切有益于人民和社会的劳动。不论是体力劳动还是脑力劳动，不论是简单劳动还是复杂劳动，一切为我国社会主义现代化建设做出贡献的劳动，都是光荣的，都应该得到承认和尊重。要在全社会大力倡导勤奋劳动、诚实劳动、创新劳动的良好风尚，继承中华民族崇尚劳动的传统美德，推动形成尊重劳动、鼓励劳动、保护劳动的浓厚氛围，让劳动绽放出更加璀璨的时代光芒。

2. 尊重劳动者，塑造劳动人格

劳动的主体是劳动者，知识的载体是劳动者，创造的主体是劳动者，人才也皆来自劳动者。劳动没有贵贱之分，每一位劳动者都应该得到承认、受到尊重。只有尊重劳动者，才能把尊重劳动具体化，才能充分调动一切积极因素，激活各种劳动资源，为中国特色社会主义事业的发展提供不竭的力量源泉。要牢固树立热爱劳动、尊重劳动者的思想，抵制不劳而获、歧视劳动者，尤其是抵制歧视体力劳动者的错误思想。要更加尊重劳动者，特别是基层一线劳动者，切实保障劳动者的经济、政治、文化、社会、生态文明权益，实现体面劳动，促进劳动者的全面发展。

3. 尊重劳动价值，鼓励劳动创造

劳动能够创造价值，实现经济效益，推动社会发展。尊重劳动，要通过提高和改善劳动者的待遇来体现。财富的形成是多种要素共同作用的结果，但劳动是其中最为重要、最为活跃、最有创造力的要素，是创造财富最主要的源泉。

二、劳模精神

劳动模范是时代的先锋、民族的楷模，他们身上承载和彰显的劳模精神一直发挥着引领作用，丰富和拓展了中国精神内涵，充分展现了我国新时代工人阶级和劳动群众的高度自信，已成为社会主义核心价值体系的重要组成部分。进入新时代，我们要深刻把握劳模精神的崭新意蕴与当代价值，大力弘扬劳模精神，推动全社会形成尊重劳动、劳动光荣的良好风尚。

随着时代的发展，劳模被赋予越来越多的时代内涵和元素。无论是农民还是白领，无论是生产者还是创业者，无论是表现突出还是贡献巨大，无论是精神传承还是社会影响，劳模精神的核心都始终不变：爱岗敬业、争创一流，艰苦奋斗、勇于创新，淡泊名利、甘于奉献。时代在变，但奋斗的底色不变。从老一代劳模王进喜、时传祥，到新一代敬业奉献模范罗阳、时代楷模黄大年，还有刘云清、王中美等全国五一劳动奖章获得者。中国桥、中国路、中国车，一个个伟大工程拔地而起；"天宫一号"、"蛟龙号"、大飞机，大国重器燃起民族自信；新零售、高端制造、航天工程，创新之花开遍神州大地。正是一代代劳动者接续奋斗，铸就了中国大踏步赶上世界潮流的发展奇迹，实现了中华民族从站起来、富起来到强起来的伟大飞跃，开创了中国特色社会主义蓬勃发展的新时代。

(一)劳模精神的内涵

劳模精神的内涵是"爱岗敬业、争创一流，艰苦奋斗、勇于创新，淡泊名利、甘于奉献"。其中，"爱岗敬业、争创一流"是劳模精神的本质特征，体现了劳模对国家、社会、职业的高度责任感、使命感和舍我其谁的主人翁精神。"艰苦奋斗、勇于创新"是劳模精神的品质，劳动模范是辛勤劳动、诚实劳动、创造性劳动的积极实践者，踏踏实实、奋发图强、勇于挑战、敢为人先，在实现中华民族伟大复兴的历史征程中埋头苦干、求真务实、创新创造。"淡泊名利、甘于奉献"则是劳模精神的价值追求，彰显了劳模先进默默坚守、全身心投入以及不求声名和个人私利的优秀品质。

(二)劳模精神的主要特征

劳模精神是劳动者品质在劳模身上的集中体现,是劳动精神的生动诠释。习近平总书记指出:"劳动模范身上体现的'爱岗敬业、争创一流,艰苦奋斗、勇于创新,淡泊名利、甘于奉献'的劳模精神,是伟大时代精神的生动体现。"在二十四字劳模精神中,"爱岗敬业"表现基本态度,"争创一流"映现不懈追求,"艰苦奋斗"体现良好作风,"勇于创新"彰显强大动力,"淡泊名利"突出至高境界,"甘于奉献"展现无私情怀。劳模精神是劳模群体持有的思想观念和价值取向,但劳模精神不囿于劳模群体,是超越劳模群体的社会性精神。劳模精神已成为劳动精神的一面旗帜,引领更多的劳动者向劳模学习,向劳模看齐,以实际行动践行劳模精神。

(三)劳模精神的当代价值

1.凝聚建功新时代的磅礴伟力

劳动模范是"干出新时代"的排头兵,是践行"实干兴邦"的楷模。激励广大劳动群众争做新时代的奋斗者,就是要让实干担当在新时代蔚然成风,让改革创新在新时代焕发活力,让精益求精在新时代落地生根。只要我们持之以恒地弘扬劳模精神,充分调动广大劳动人民的积极性、主动性和创造性,就一定能最大限度地聚合起人们饱满的奋斗热情,从而为建功新时代、实现中国梦凝聚起磅礴的中国力量。

2.引领新时代产业工人队伍建设

推进产业工人队伍建设,是以习近平同志为核心的党中央着眼于巩固党的执政基础、实施制造强国战略、全面提高产业工人素质作出的重大决策部署。在新时代,应充分发挥劳动模范和工匠人才的示范带动和价值引领作用,培养和造就更多劳动模范、大国工匠,努力打造一支有理想守信念、懂技术会创新、敢担当讲奉献的宏大产业工人队伍,建设知识型、技能型、创新型劳动者大军。

3.昭示新时代劳动教育的价值取向

劳动模范是每个时代劳动精神的典型化身,是引导广大学生培育和践行社会主义核心价值观的宝贵财富与有效载体。应充分发挥劳动模范先进事迹和优秀品质的感召作用,让青少年有机会近距离接触劳动模范、聆听劳模故事、感受劳模精神,在实践中体悟劳模精神,在磨炼意志和增长才干中感受劳动的乐趣和收获,从而培育辛勤劳动、诚实劳动、创造性劳动的精神气质。

(四)践行劳模精神

1.学习劳模先进事迹,向劳模学习

充分利用各种载体学习劳模先进事迹,深刻理解劳模的精神内涵。劳模绝不平凡,并非人人皆能成为劳模,但平凡人完全可以学习、践行劳模精神。劳模精神生长于工人阶级和劳动群众普遍具有的优秀品质之中,是一种起于平凡的不平凡精神,并不是高不可攀的。对每一个学生来说,践行劳模精神更多的是发现劳动的乐趣,激发对职业的热情,并

不一定需要有惊天动地的业绩，只要尽心尽力做好每一件事情，只要有水滴石穿的坚忍精神，终将放射出耀眼的光彩。

2. 用实际行动不断践行劳模精神，做新时代"四有"青年

我们要大力弘扬劳模特别能吃苦、特别能战斗的精神；要爱岗敬业，甘于奉献，做到干一行爱一行；要与时俱进，不断汲取新知识，钻研新技术，掌握新本领；要提高自身的学习能力、创新能力和竞争能力，为社会发展提供新动力，做有理想、有道德、有文化、有纪律的新时代"四有"青年。

劳模精神是一道光亮，是一道能照亮黑夜、温暖人心的希望之光；劳模精神是一种取向，是一种人生道德观念和价值取向。时代的变迁、社会的发展，证明了劳动是人类文明进步的源泉，劳模是时代的标杆和旗帜，劳模精神是社会发展的宝贵财富。我们要学习劳模所表现出来的团队协作精神——这是一种无华的忠诚、一种朴实的敬业、一种与日俱增的进取，更是一股指导我们实践的强大力量。

三、工匠精神

(一) 工匠精神的内涵及特征

工匠精神的内涵是"执着专注、精益求精、一丝不苟、追求卓越"。其中，"执着专注"是精神状态，是时间上的坚持、精神上的聚焦；"精益求精"是品质追求，是质量上的完美、技术上的极致；"一丝不苟"是自我要求，是细节上的坚守、态度上的严谨；"追求卓越"是理想信念，是理想上的远大、信念上的高远。工匠精神既体现了敬业之美的精神原色，又表现了创造之美的品质追求，更展现了追求之美的价值升华(图2-2-1)。

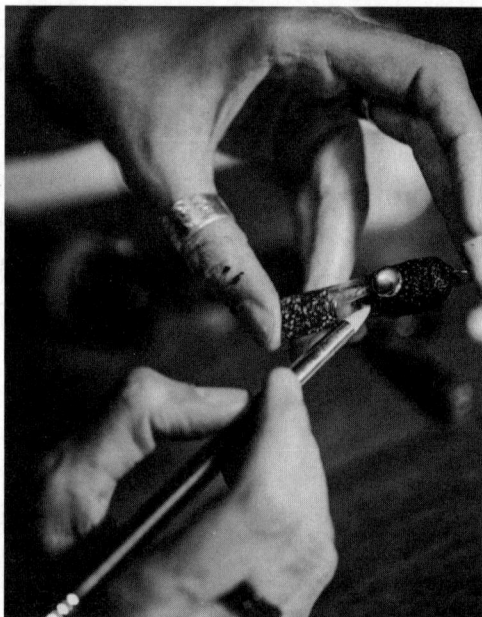

图 2-2-1　工匠精神

第一个层面：精神层面。"工匠精神"指的是爱岗敬业、无私奉献、甘为孺子牛的精神，要求从业人员对工作始终保持认真、负责、热爱的态度和精神理念。爱岗敬业、无私奉献是"工匠精神"的力量源泉。从这个层面上讲，"工匠精神"不应当被狭义地认为是工人或蓝领才需具备的精神，而是广泛包括各行各业的人在各自工作岗位上应有的价值追求与精神品质。因此，"工匠精神"是一种全民族的精神，它存在于每一个人心中。

第二个层面：行为层面。"工匠精神"表现为勇于创新、持续专注、注重细节。我们熟知的大国工匠，个个都是持续专注、敢于开拓创新的推动者。"工匠精神"所倡导的执着、专注，并不是简单的机械重复或因循守旧、一成不变，而是强调在原有技术路线上精益求精，在传统技艺基础上不断钻研、革新，在一点一滴的积累中实现技术和工艺创新的过程。它的核心内涵是要不断地钻研、革新以及传承。

第三个层面：目标层面。"工匠精神"指的是精益求精、追求极致的精神，是努力想要把品质从99%提升到99.99%的精神。"工匠精神"的目标就是要打造本行业的精品。对于真正的工匠而言，工作不单单是赚钱、养家糊口的工具，更是一个对岗位执着坚守、对产品精益求精的过程。对产品每个细节做到极致的欲望，注重工艺的精致化，对产品卓越品质的坚持和追求正是"工匠精神"的重要体现。

(二) 工匠精神的当代价值

1. 工匠精神是衡量社会文明进步的重要尺度

要实现中华民族伟大复兴的中国梦，物质财富要极大丰富，精神财富也要极大丰富。只有物质文明建设和精神文明建设都搞好，国家物质力量和精神力量都增强，全国各族人民物质生活和精神生活都改善，中国特色社会主义事业才能顺利向前推进。也就是说，物质文明与精神文明是推动社会文明进步的"两个轮子"，是实现中华民族伟大复兴中国梦的"一双翅膀"，两者缺一不可。事实上，工匠精神的发育程度与社会的物质文明、精神文明的进步程度直接相关。从精神文明的角度来看，工匠精神作为一种职业精神，在本质上是同社会主义核心价值观，特别是同其中的敬业、诚信要求高度契合的。从物质文明的角度来看，工匠精神在物质文明的创造过程中可以发挥强大的精神动力及智力支持作用。

2. 工匠精神是中国制造前行的精神源泉

如今，中国已成为世界第一制造业大国。尽管中国成了"世界工厂"，贴有"Made in China"标签的产品在世界随处可见。大到汽车、电器制造，小到制笔、制鞋，国内许多产业的规模居于世界前列，却依然缺少真正由中国创造的东西，甚至一些外国人将中国制造的产品等同于"山寨"产品，这严重损害了中国企业和中国品牌的形象。在许多业内人士看来，中国制造业大而不强，产品质量整体不高，背后的重要根源之一就是缺乏具备工匠精神的高技能人才。为实现中国从全球制造大国到制造强国的跨越，2015年5月8日，国务院正式印发《中国制造2025》，提出了中国政府实施制造强国战略第一个十年行动纲领。中国要迎头赶上世界制造强国，成功实现《中国制造2025》战略目标，就必须在全社会大力弘扬以工匠精神为核心的职业精神。只有当敬业、精益、专注、创新的工匠精神融入生产、设计、经营的每一个环节，实现由"重量"到"重质"的突围，中国制造才能赢得未来。

3. 工匠精神是企业竞争发展的品牌资本

随着市场经济特别是知识经济的到来，现代经济越来越呈现为一种品牌经济。在现代市场经济视域下，作为知识资本形态的品牌形象也是一种可经营的企业资本，是一种潜在的、无形的、动态的、能够带来价值增值的资本，是传统的会计体系反映不了的无形资本。

4. 工匠精神是个人成长的道德指引

尊重个人的价值、启迪智慧、实现发展，不仅是个人成长的强烈需求，也是现代企业的责任和使命。而工匠精神作为一种职业精神，是企业员工提升个人精神追求、完善个人职业素养、实现个人成长进步的重要道德指引。企业员工所具有的高尚职业操守和强烈工匠精神与拥有较高专业知识技能一样，是其自身立足职场的重要条件和在未来职业生涯中脱颖而出的制胜法宝。

（三）践行工匠精神

1. 怀匠心

匠心，即能工巧匠之心，是指精巧、精妙的心思，本质上就是创新之心。成语"匠心独运"或"独具匠心"中的"匠心"，指的就是这样的灵明独到之心。匠心是工匠精神的第一位要素，是工匠精神的核心价值和灵魂。因为心是精神之宅、智慧之府、载体之本。古人强调："运用之妙，存乎一心。"可见，心是神明，心是主宰。反之，失却匠心，工匠就沦为庸匠，精神也就随之贬值，沦为低阶的、不足为道的存在。换言之，工匠精神如果抽掉了匠心的内涵，只剩下形而下的操作，恐怕离匠气也就不远了。所以培育学生怀持匠心，生成匠意、匠思、匠智，亦即培养学生的创新精神和创新品格，是工匠精神培养的首要任务。

2. 铸匠魂

什么是工匠之魂？是德，是人的品德、品行、品格。德是工匠精神的支柱。古人说："才者，德之资也；德者，才之帅也。"可见，工匠之才是由工匠之德统领的。有学者强调："人因德而立，德因魂而高。"德，就是工匠精神的统领与根本，是工匠精神的内涵和灵魂，因而培养工匠精神必须铸匠魂、立匠德。人有了德之魂，才能立世生存、行之久远。这就是康德所说的"德行就是力量"。反之，人若失却德之魂，就只能算具有躯壳和皮囊。所以，职业教育必须践行立德树人的"育人铸魂"工程，与劳模精神和工匠精神相结合，培养学生的职业道德、职业精神、职业素养。要搜集和整理具有育人效应的大国工匠、大师劳模们的成长案例，融入德育课程中，让学生在职业学习过程中，眼中有标杆、心中有榜样、效学有依托，真正成为追寻大师、德技双修的人。

3. 守匠情

"匠情"之"情"是情怀之意，是人们对事物怀持的或投射在事物之上的积极、崇高、富有正能量的情感与态度的总和。守匠情，即怀持和坚守工匠情怀，这种情怀内在地包含了人的价值取向和职业态度，是工匠精神的重要组成部分。工匠情怀包括热爱情怀、敬畏情怀、家国情怀、担当情怀、卓越情怀等。这些情怀在大国工匠、非遗大师身上都有突出体现。培养学生的工匠精神，就是要培养他们崇高的家国情怀、职业敬畏情怀、负责的担当情怀、精益的卓越情怀。学习大国工匠身上的这些优秀品质，树立正确的价值观和职业态度，才能真正得大师真传、汲取精神滋养，将自己磨砺、锻造成大写的人。

4.践匠行

匠行是指工匠们做事的行为和行动。培养工匠精神不是因为它是热点和时尚，不是为了蹭热点、追时尚、贴标签才随之起舞。它是需要真抓实做、大力践行的。践匠行需要明了匠行基于深厚的历史和文化内涵生成的独到的行为特征：执着、精技、崇德、求新等。高凤林的火箭发动机焊接精确控制到头发丝的 1/50；大飞机首席钳工胡双钱生活艰窘，蜗居 30 m² 斗室 30 年，却创造了加工数十万个飞机零件无次品的奇迹。这就是匠行的真髓、真谛、真义。培养学生的工匠精神就是要按照这样的准则和标高，去培养学生脚踏实地、专注做事的精神，培养学生精益求精、追求卓越的境界，培养学生遵道守德、无私敬业的品格。这样培养出来的学生，才是德润身、技立世、品高端的深受欢迎的人才。

任务评价

1. 劳动精神、劳模精神和工匠精神在当今时代有何具体意义？
2. 作为新时代大学生，我们该如何践行劳动精神、劳模精神和工匠精神？

能力拓展

1. 请设计践行劳动精神等的具体方案，写一份详细的计划。
2. 观看纪录片《大国工匠》。

项目二　　　　　　　　　**任务卡 2**

班级		姓名	组号	学号	时间
任务				评价方法	视频、照片
任务分工及执行情况					
总结					
心得体会					
自我评价		优秀□　　良好□　　及格□　　不及格□			
同学评价		优秀□　　良好□　　及格□　　不及格□			
教师评价		优秀□　　良好□　　及格□　　不及格□			

模块二　家庭劳动技能

项目三
家居整理

📝 **工匠精神**

王崇伦：走在时间前面的人

　　1927 年，王崇伦出生在辽宁省辽阳农村的一个贫苦人家。1942 年，王崇伦辍学来到鞍山的钢厂当学徒，受尽了欺辱。1948 年，鞍山解放了。1949 年，王崇伦进入鞍钢轧辊厂工作，他望着满目疮痍的鞍山钢铁厂，决心为建设"新鞍钢"多出一份力。从此，他一头扎进了书本，把业余时间都用在了学习文化、技术知识上，成为新中国成立后鞍钢职工队伍中为数不多的年轻高级技工之一。1952 年，王崇伦所在的工具车间承担了为中国人民志愿军加工飞机副油箱拉杆的任务。王崇伦研制出利用刨床加工拉杆的特殊卡具，这比用铣床加工的工效提高了 24 倍，而且全部达到一级品。这年秋天，王崇伦光荣地加入了中国共产党。

　　1953 年，王崇伦作为鞍钢北部机修厂工具车间的刨工，悄悄地搞起了科研攻关。他创造性地用刨床代替插床，设计了一个圆筒形的工具胎，把插床垂直切削转变成刨床水平切削。这一独特工具胎被命名为"万能工具胎"，加工卡动器的纪录连连被刷新，由 45 分钟缩短到 30 分钟，最后降到 19 分钟，相当于最初效率的 6 至 7 倍。王崇伦仅用一年时间就完成了 4 年又 17 天的生产任务，成为全国最先完成第一个五年计划的一线工人。《人民日报》为此发表社论《发扬王崇伦的工作精神，提前完成国家计划》，号召全国工人学习王崇伦的先进榜样。王崇伦也因此被誉为"走在时间前面的人"。

　　（https://www.thepaper.cn/newsDetail_forward_13450906，有改动）

任务一　整理和收纳

学习目标

1.了解家居整理和收纳的方法、原则。
2.学会整理房间、收纳、清洁以及简单的针线技巧。
3.能主动帮助家人进行日常家居整理。
4.树立热爱生活、热爱劳动的意识。

学习任务

在充分了解整理房间、收纳、清洁以及简单的针线技巧后，学会家居整理和收纳技巧，并利用假期对自己的家进行一次"变脸"。

任务导入

著名思想家梁漱溟曾说过："人一辈子，首先要解决人和物之间的关系，这种关系应该是，以物致心，心意相通，热诚而节制。"这是人和物最好的关系。整理家居，能收获好心情；整理家居，要从整理内心开始。一间干净整洁的卧室，一处宽敞明亮的客厅，一个充满烟火气的厨房，是美好家庭生活的开始，也是愉快心情的发源地。

任务准备

1.准备清洁剂、清洁工具、收纳工具。
2.准备针线工具。

知识窗

清洁工具介绍

清洁马桶小窍门

我是针线小达人

知识储备

一、房间整理

总原则：桌面物品尽量少、地上垃圾勤清扫、收纳空间随手到、起床叠被习惯好。

(一)桌面物品尽量少

收拾房间最重要的原则就是尽量减少在外的物品，给足留白的空间，才会显得家中整齐。所以桌面上的物品应该尽量减少，书桌上可以摆放一两本在读的图书。工作和学习使用的文件、笔和本子等相关物品都应尽量收纳起来。餐桌或茶几上可以摆放相应的茶具，但也应该摆放整齐。切忌随手放杯子等物品，显得桌面杂乱。

(二)地上垃圾勤清扫

要保持房间整洁，地面也是重点关注区域。要使地面干净，肯定离不开两点：第一是勤打扫，第二是要保持。在室内重点区域设置一个垃圾桶，防止乱扔垃圾。

(三)收纳空间随手到

家中的长时间活动的地方最好1.5 m内就有收纳的空间。例如，床头柜最好收纳床边经常使用的物品，而不是放置衣物；书桌的抽屉应尽量存放在书桌上使用的笔、纸、本等用具。

(四)起床叠被习惯好

床上的卫生和整洁也是家居整理非常重要的一环。床上用品要勤洗勤换，定时晒太阳、消毒。床上的物品尽量少，物品摆放占的空间也尽量少，所以被子整齐叠放就非常重要了。也可直接把被子收纳进衣柜中，床面没有物品更显整洁。

二、房间收纳

(一)客厅收纳

客厅是展示一个家庭品位的重要场所，也是人们第一眼看到的场所。但客厅实际的空间非常有限，要使客厅展现出独有的魅力和主人的品位，可利用客厅不好利用的墙角，做一个嵌入墙面的柜子。例如可做酒架或主人收藏品的展示架，也可在上方添置隔板，放上经常看的书籍。

(二)卧室收纳

1. 卧室床头

卧室床头往往会放一些装饰画等物件作为点缀，但其实把这个区域利用起来，做一些床头定制柜(图3-1-1)，就能使卧室的储物空间大大增加，而且床头离床近，把睡前看的书或杂志放在上面，或者把一些生活用品分区放在上面，比放在床头小柜上要好得多。

2.床

卧室显得乱糟糟的，很大一部分原因是床上太乱了。起床时收拾一下床，不仅能增加整个卧室的剩余空间，而且看起来更加整洁。

3.卧室高箱床

卧室里放一些生活用品、衣物等，特别是一些不容忽视的大件——棉被以及冬

图 3-1-1　卧室床头柜

季衣服。所以在选择床时，尽量选择高箱床(图 3-1-2)。高箱床下面的储物空间一般来说足够我们放置冬季衣物等大件生活用品，把这些大件生活用品从卧室衣柜里拿出来以后，衣柜又增加了一些空间，收纳也更方便。

4.厨房收纳

对厨房的橱柜、抽屉要进行合理分配，平时物品使用后应立即物归原处。

厨房的橱柜门后、厨房门后可安置置物架，可以放置一些轻巧的物品。橱柜的置物架最好小一点，储物柜的门后可放不经常用的调味品。

大弧度的铰链式三角储物柜(图 3-1-3)可以更好地利用角落的空间。轻轻拉开门板，物品即能轻松放入橱柜的最里端了。尽管三角储物牺牲了一部分立方空间，但是方便人们拿到柜子里的物品，而且给厨房提供了一个展示餐具收藏的最佳角度。选择多层储物柜，稳固性更佳。

图 3-1-2　卧室高箱床

图 3-1-3　厨房储物柜

三、房间清洁

(一)厨房清洁

厨房清洁的六个步骤如下。

1.清洗煤气灶灶头

正常的煤气灶火苗应为蓝色，但如果出气口被残屑阻塞，火苗的颜色就会变红。这时可用吸尘器吸取火口处的残屑，或用牙签清理残屑。

2.擦炉具

烹饪时，在炉具旁边放一块湿布，以便随时擦去炉具上的脏物——炉具在受热时较易清洁。

3.清洁排气扇

清洁排气扇时，卸下外壳前一定要拔掉电源插头(若无插头，就切断电源)，卸下的外壳要用温水和清洁剂清洗。可用微湿的布擦拭扇叶，但不要将扇叶弄湿。

4.清洁厨房墙壁污垢

清洁厨房墙壁污垢时，先用大张的纸巾盖住有污垢的地方，然后用清洁剂喷湿纸巾，纸巾便会粘贴在墙壁上。约 15 min 后污渍便会软化，此时将纸巾撕下，然后擦拭污垢，即可取得事半功倍的效果。

5.清洗地板上的油渍

处理地板上的油渍时，可先把面粉撒在油渍上，把面粉扫走后再用清洁剂擦拭。或者往拖把上倒一点醋，反复擦拭后，就可以把地面擦拭干净。

6.清除厨房异味

在锅中加入少许食醋再加热蒸发，即可除去厨房异味。平时应开窗通风，并尽量让阳光照进厨房，因为阳光中的紫外线有杀菌作用。

(二)卫生间清洁

1.清洁马桶

清洁马桶时，先用清洁剂喷淋马桶内部(要对着出水口喷)，几分钟后，再用厕所刷彻底地刷洗一遍，然后刷马桶座和其他缝隙，最后按下马桶出水开关，即可冲走马桶污垢。清洁马桶外侧的底座时，要先用清洁剂喷淋刷洗，然后用水冲洗，最后用干净的布擦干。

2.清洁镜子

卫生间的镜子因为长期处于潮湿的环境中，表面易产生水雾，这时候无论是用干毛巾还是湿毛巾都很难清理干净。面对这种情况，我们可以先在镜子上涂一层香皂，然后用干燥的抹布抹干，镜子就会恢复清晰。这种方法也适用于浴室内的盥洗台清洁。

3.清洁堵塞的喷头

淋浴喷头使用时间长了就会出现出水不畅的现象，这通常是由于水垢积聚堵塞喷头。这时可将喷头拆下，在食醋中浸泡 1~2 h 后取出，然后用牙刷刷掉软化的水垢即可。

(三)房间清洁

①把垃圾放在房间或厨房的垃圾桶里；脏杯子和碗放到洗碗槽里；将文件分类整理好。

②把脏衣服和干净衣服分开，把脏衣服放进洗衣机桶里，把干净衣服叠好，整齐地放进衣柜，可以划出几个小间隔来让衣服变得整整齐齐。

③把扔在地板上的东西捡起来分类放好，之后再清理床底。

④清理家具的顶部，掸走灰尘。

⑤整理床铺。

⑥扫地拖地/吸尘。记得清理干净所有的边边角角，包括床底。

⑦保持这种清洁的状态。把每件东西放在正确的位置，这样下一次整理就不会花这么多时间了。

⑧建议每隔一段时间改变一下装修或是家具摆放位置。

任务实施

一、我是收纳小能手

1.环保省钱的牙刷架

平时可以将饮料盖子等留下来，然后在瓶盖边缘打一个洞，再将它们粘贴在墙上，可以用来收纳牙刷(图3-1-4)，但是要注意使用的瓶盖尽量保持一致，否则将影响美观。

2.简约DIY木制浴室储物框

使用木材在浴室装一个木框(图3-1-5)，可以放置毛巾、清洁用品、杯子等。操作非常简单：先制作好木框，涂上油漆或贴上好看的壁纸，然后装在墙上。

图 3-1-4　DIY 牙刷架

图 3-1-5　浴室储物框

3.浴室三脚架装洗漱用品

浴室的洗漱用品每次使用后都是湿淋淋的，放在台面上容易形成水垢，而且东倒西歪的，看起来较杂乱。若放在柜子里，则不方便取用。使用多层三脚架，可以很好地分类摆放各种洗漱用品，且网状材质的三脚架可以沥水。

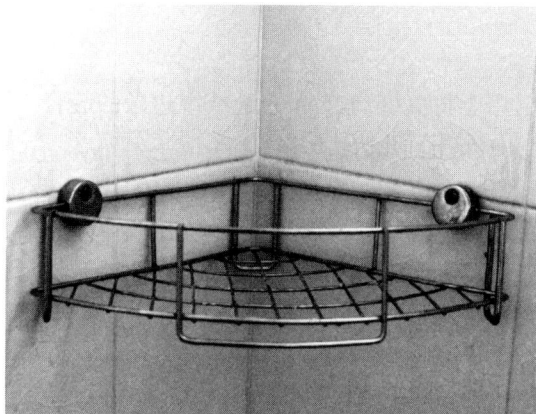

图 3-1-6　浴室三脚架

二、我是针线小达人

(一)包边缝

包边缝也叫毛边缝，用于装饰布片边缘，还可以用于锁扣眼。
①沿着布片边缘表面出针。
②将线绕过布片，在出针处前方入针，针目可自己调整。
③拉紧线段。
④重复动作②、③。
⑤完成线迹。

(二)平针缝

平针缝用于两片布的拼接或缝制较薄的布。
①从记号点外 0.7 cm 处入针。
②往前约 0.5 cm 处出针。
③往后回一半，入针，往前记号点出针。
④往前上下运针，针目为 0.2~0.3 cm，运针 2~3 针后抽针。
⑤动作④反复进行，直到缝完。

(三)回针缝

回针缝用于平针缝得不牢靠之处或缝制较厚的布。

①从记号点外 0.7 cm 处入针,往前约 0.5 cm 处出针。

②往后回一半,入针,往前记号处出针。

③回到前一针尾部入针。

④往前约 0.7 cm 处出针。

⑤重复动作③、④,直至完成。

(四)藏针缝

藏针缝也叫贴布缝,用于将 B 布缝在 A 布上或绲边条的缝合。

①从 A 布背面入针,B 布表面出针。

②由 A 布的对称点入针。

③在 B 布往前约 0.3 cm 处出针。

④重复动作②、③。

⑤完成线迹。

(五)缩缝

缩缝用于制作缩口。

①由圆形布片表面入针,往前约 0.5 cm 处出针。

②往前 0.5 cm 处入针。

③以平针缝前进,针目为 0.5~0.7 cm。

④完成(拉紧缝线可以收缩开口)。

(六)疏缝

疏缝用于将表布、铺棉和里布暂时固定。

①将表布、铺棉与里布三层依次铺叠。

②将疏缝线单线打结,由布片中心点入针。

③往前约 2.5 cm 处表面出针。

④往前 2.5 cm 处表面入针、出针。

⑤最后一针回针不打结。

⑥以中心点向外缝"十"字状。

⑦缝 45°对角线。

⑧缝制时可用汤勺辅助。

这个示例是疏缝的其中一种,是为下面的"压缝"做准备的。

(七)压缝

压缝用于增加缝制服装或布艺作品的立体感及紧固度。

①表布、铺棉和里布用上面方法"疏缝"后,用记号笔画出欲压缝的线条。

②起针将线头藏入铺棉内,沿着记号线以平针缝前进,针目为 0.2~0.3 cm。

③采用同样的方法缝完所有记号线,拆掉疏缝线即完成。

任务评价

1. 参考制作一件收纳用品并拍照分享成果。
2. 自己缝补衣物并拍照分享。

能力拓展

1. 观看收纳小技巧之毛衣的收纳技巧的视频。

2. 寻找机会参加一项针线劳动，可以是织毛衣、缝补衣物、手工制作等，认真体会劳动过程，并反思：通过劳动，自己的身体、知识、思维能力、意志、人际关系发生了什么变化？努力将该项劳动坚持一个学期，然后在本学期结束时再次系统反思自己各方面发生的变化。

项目三　　　　　　　　　　**任务卡1**

班级	姓名	组号	学号	时间

任务		评价方法	视频、照片
任务分工及执行情况			
总结			
心得体会			

自我评价	优秀□　　良好□　　及格□　　不及格□
同学评价	优秀□　　良好□　　及格□　　不及格□
教师评价	优秀□　　良好□　　及格□　　不及格□

任务二　家电的保养护理

学习目标

1. 了解常见家电功能及使用方法。
2. 能够进行小家电的日常维护与保养。
3. 树立科学精神与劳动意识。

学习任务

在了解和学习常见家电的故障情况和对应维护方法后，选择一个出现故障的常用小家电进行"诊断"和"治疗"。

任务导入

在日常生活中，我们总会遇到一些麻烦事，比如家居生活中小电器损坏，请专业人士维修费用高，请他人帮忙较麻烦，所以掌握一些家电维护小技巧很有必要。

任务准备

1. 准备家电检修工具箱。
2. 准备小型家电。
3. 准备家电清洁剂和清洁工具。

知识窗

洗衣机护理技巧

冰箱危险操作

知识储备

一、家电保养护理的原则

家电保养护理总原则如下。

（一）干燥

家电属于电器类产品，保持干燥是第一原则。

电饭煲：内锅一定要擦干。电饭煲的内锅放进电饭煲内时其外层千万不要沾有水，一定要擦干。另外电饭锅要放在干燥的地方，以免使用不当造成漏电。内锅不要盛放腐蚀性的物品和液体。

电磁炉：电磁炉使用完后不要用带水的湿布擦拭。一定要在干燥、远离火源的地方使用。要水平放置，离墙面或某个物体要有一定距离。

电视机：若室内湿度大于80%，则液晶电视内部可能会有结露现象，这样会导致漏电或者短路，因此电视机要放置在干燥的环境。清洁电视机时，要用纯棉的干布轻轻擦拭。电视机最忌磁场干扰，旁边最好别放磁性物体。

（二）稳定

家电养护第二大原则是环境、电压稳定。例如：空调使用时最忌电压不稳，电压不稳会使空调压缩机受影响，降低制冷效果。使用空调时不能频繁地启动，否则容易造成瞬时电流过大而烧毁熔丝。洗衣机要放在干燥通风的地方，确保放置平稳，以免高速运转的时候发生震动。洗衣服前要检查有无尖硬的物品，一次清洗的衣物不要过多，使用时不能用湿手插电源，以免触电。冰箱使用时周围不能有微波炉一类的热源电器，否则会影响冰箱制冷效果。放置时冰箱不能倾斜，以免压缩机内部的润滑油流入制冷系统。

二、家电保养护理的方法

（一）灯具

正确安装灯具是延长灯具使用寿命的前提。如果安装不正确，灯具很容易损坏，有时甚全发生爆炸，非常危险。

家居中，卫生间和厨房的灯具安装尤为重要。卫生间的灯须装有防潮灯罩，否则将大大缩短灯的使用期限；厨房的灯应特别注意防油烟，因为油垢的积聚会影响灯的照明度；浅色的灯罩透光度较好，但容易粘灰，要勤于擦拭，以免影响光线的穿透度；一般来说，不要将卫生间、厨房的灯具安放在容易凝聚水汽的位置，以免发生爆裂。

1.老化灯管应及早更换

使用已久的灯具灯管如果两端发红或显现黑影，就要及时更换，防止不安全现象出现。在购买灯具时认真研究灯管、灯泡上标明的有效时间并定期更换老化灯管、灯泡，这对整体灯具维护很有帮助。

2. 灯具要正确清洁

清理灯具的过程中注意不要改变灯具的结构,也不要随便更换灯具的部件。在清洁维护结束后,应按原样将灯具装好,不要漏装、错装灯具零部件。

一般灯具用干布擦拭,并注意防止潮气入侵。如果灯具为非金属材料,可用湿布擦,以免灰尘积聚,影响照明效果。

3. 尽量避免频繁开关

灯具使用时不要频繁地开关,因为在灯具启动的瞬间,通过灯丝的电流大于正常工作时的电流,使得灯丝温度急剧升高,加速升华,从而会大大减少其使用期限。

(二)电饭煲

电饭煲即电饭锅,为多功能设计,以电为能源,通常由电灶(发热板)、锅体、锅盖等部分组成。它配有自动控制开关,可煮、焖、蒸、炖饭菜,是使用较为方便的炊具之一。

电饭煲按加热方法可分为两类:①直接加热式。由发热板直接把热量传到锅内加热,具有省时间、耗电少等优点。②间接加热式。由发热板先加热内外锅间的水使之产生蒸汽,从而把饭加热蒸熟,具有保温性能好、安全可靠等优点。

使用电饭煲时的注意事项如下。

①电饭煲内锅磕碰后容易发生变形,内锅变形后底部与电热板就不能很好吻合,导致烹调时受热不均。所以使用时要轻拿轻放内锅,以免磕碰。

②在搅拌米粥、米饭,或翻拌菜肴和面食时,应用木匙或竹筷子。如用铁铲或不锈钢铲子,会刮掉内锅涂层。

③使用电饭煲时,应保证锅底和发热板之间接触良好,可将内锅左右转动几次。

④使用电饭煲时,应将蒸煮的食物先放入锅内,盖上锅盖,再插上电源插头。取出食物之前应先将电源插头拔下,以确保安全。

⑤用完电饭煲后,应立即把电源插头拔下;否则,其自动保温仍在起作用,既浪费电,也容易烧坏元件。

⑥使用中还应该保证电饭煲内胆和电热盘之间的清洁,避免出现水点、饭粒等杂物,否则会影响使用效果,严重时有烧坏元器件的可能。

(三)微波炉

微波炉又称微波灶,其用途多样,功能齐全,不仅能煲、蒸、煮、炖、烤食物,而且具有快速解冻和杀菌消毒等多种功能。微波炉的优良性能、快捷烹饪以及高质量烹饪食物等特点,使其在家庭中普及率越来越高。

图 3-2-1 所示为家中常用的电脑控制型微波炉的基本结构示意图。电脑控制型微波炉主要是由磁控管、炉腔、炉门、定时和功率分配器等主要元器件组成。

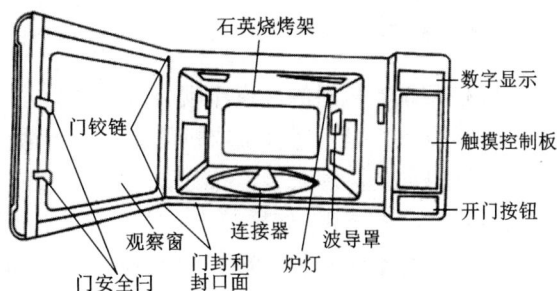

图 3-2-1 微波炉示意图

使用微波炉时的注意事项如下。

①微波炉应放在平稳、干燥、通风的地方。炉子背部、顶部和两侧均应留出 10 cm 以上的空隙，以保持良好的通风环境。

②微波炉附近不要有磁性物质，以免干扰炉腔内磁场的均匀状态。其还要和电视机、收音机保持一定的距离，否则会影响视、听效果。

③炉内不能使用金属或带金属配件的容器，也不能使用木制、竹制、塑料、漆器等不耐热的容器及凹凸状的玻璃制品、镶有金银花边的瓷制碗碟，应使用耐热玻璃、耐热陶瓷等专用器皿。

④定期检查炉门四周和门锁，如有损坏、闭合不良等现象应停止使用，以防微波泄漏超标。

⑤微波炉工作时，不宜把脸贴近微波炉观察窗，防止眼睛因微波辐射而受伤。开启微波炉后，人应远离微波炉。人体不宜长时间受到微波照射，否则会导致头晕目眩、乏力、脱发等。

⑥不要碰撞、扭曲炉门，以免微波泄漏超标。万一炉门被损坏，应请专业人员检修，合格后方可使用。炉门应轻开轻关。

(四) 电磁炉

电磁炉是利用电磁感应加热方法烹调食物的，具有热效率高、安全性好、控温准确以及清洁卫生等优点，烹调食物时无明火和热辐射，烹调的食物虽然不具有焦黄色泽及特殊香味，但可以最大限度地保留食物中的营养成分。

正确使用电磁炉可获得最佳的使用效果和延长其使用期限，一般应注意以下几点。

①电磁炉工作时应远离电视机、收音机等家用电器，或错开它们的使用时间，以防电磁干扰。

②电磁炉为专用锅体，一般不宜更换其他锅体。严禁使用非导磁材料制成的锅。在确实需要更换锅体时，应在锅底放一块磁性不锈钢板，作为热传导过渡。

③不得用铁器等硬物削刮灶台面板和锅底，并随时注意灶台是否有裂缝或损伤，以防汤水等渗入灶内而引起电气元件受潮或损坏。

④灶台上不能放置导磁材料制品，严禁锅体空烧或干烧，以免灶台面板过热而导致干裂和损坏。

(五) 洗衣机

1. 使用洗衣机时的注意事项
①检查衣物是否适合洗衣机洗涤及是否适合水洗。
②洗涤前要清理衣袋，将硬币、沙子、发夹等物品取出。
③将衣物的长带(如裙带、领带等)打结，纽扣扣好，拉链拉好。
④洗涤物不应过量，洗涤时应以衣物能正常翻转为宜，投入前将衣物展开并抖松。
⑤破损衣物应修补后再洗涤。
⑥将易褪色、串色、脱毛的衣物和其他衣物分开洗涤。
⑦手套、毛巾等小件衣物放入洗衣袋中洗涤。

⑧内衣裤、袜子尽量不用洗衣机洗，坚持手洗。

投放洗涤剂、漂白剂或柔顺剂：根据放入洗衣机桶内衣物的量确定洗涤剂的用量，洗涤剂不应使用高泡沫洗衣粉(剂)；具备漂白或柔顺功能的洗衣机可根据需要放入漂白剂或柔顺剂。按照洗涤剂说明放入适量洗涤剂；洗涤图标如图3-2-2所示。

水洗　　　漂白　　　干燥　　　熨烫　　　专业维护

图3-2-2　洗涤图标

2.洗衣机日常保养方法

①洗衣结束后，必须拔下电源插头并关闭自来水水龙头。

②在清理洗衣机时，必须将电源插头从插座上拔下。

③使用洗衣机后，需要及时清除线屑过滤器等处附着的线屑杂物。

④全自动洗衣机进水阀的过滤网易被杂物堵塞，阻碍进水，因此过滤网约每两个月应用刷子清洗一次。

⑤使用波轮洗衣机后，要用干净的软布将洗衣机表面及桶内水珠擦干净，将上盖打开一段时间(约1 h)后再关上。

⑥滚筒洗衣机长时间不用时应微开机门，打开一段时间(约1 h)后再关上机门，防止潮湿和有异味。

3.洗衣机清洁剂的选择

常见的洗衣机清洗方式有两种：一是请专业人员拆卸洗衣机槽进行清洗，这种方式成本较高且较麻烦；另一种是使用专业的高除菌率洗衣机槽清洁剂清洗，去污、除菌一步到位，简单有效。

(六)电冰箱

①定期对冰箱进行清洁(每年至少两次)。清洁冰箱时先切断电源，用软布蘸上清水或食具洗洁精轻轻擦洗，然后蘸清水将洗洁精拭去。

②为防止损坏箱外涂覆层和箱内塑料零件，清洗过程中请勿用洗衣粉、去污粉等腐蚀性清洁剂和刷子，可选择食醋、白酒或专门除臭的软布来擦洗，最后用清水洗净。

③箱内附件肮脏积垢时，应拆下用清水或洗洁精清洗。电气零件表面应用干布擦拭。

④清洁完毕，将电源插头牢牢插好，检查温度控制器是否设定在正确位置。

⑤冰箱长时间不使用时，应拔下电源插头，将箱内擦拭干净，待箱内充分干燥后，关好箱门。

(七)笔记本电脑

1.外壳的养护

笔记本电脑可采用塑料保护膜来预防磨损，同时可用透明胶带剪成小条粘在边角易磨损之处，能起到很好的保护作用。

清洁外壳时一定要关机，切断电源、拆下电池。

2.屏幕的清洁与保护

笔记本电脑屏幕最容易沾染灰尘，平时用干燥的软毛刷清洁即可。必要时可使用专用的笔记本电脑清洁液和清洁布来清洁屏幕上的灰尘和指纹。

不要使用坚硬的物品直接接触屏幕，否则会导致屏幕的永久性损坏。

避免强烈的阳光直射屏幕，强烈阳光的照射易加速屏幕老化。

长时间不使用电脑时要关闭屏幕。

3.键盘的使用和清洁

清洁笔记本电脑键盘时有两种方式，即拆下键盘来彻底清洁或简单清洁。简单清洁，即关机，将笔记本倒置，用手轻拍键盘，清除里面的杂物和灰尘；彻底清洁则是用软毛的小排笔将键帽下面的杂质清除。

> **小贴士** ▶
>
> 在有条件的情况下可以选择使用外接键盘，这样可以降低笔记本电脑键盘的损耗。或者可以选择笔记本电脑键盘膜，起到防止灰尘积聚和键盘磨损的效果。

（八）电视机

电视机保养护理总原则：电视机使用年限尽量不超过8年；电视机要定期进行清洁护理。电视机保养方法如下。

①清洁时使用水稀释洗涤剂，把抹布浸泡在洗涤剂里后拧干，再擦拭电视机的外壳，不要用挥发油等擦拭电视机外壳。

②先关闭电视机再清洁10.准备柔软的棉布或眼镜布，可以蘸清水，但注意只用少量的水，水过多易导致短路，或者屏幕不清晰；如果电视机内已经进了水，切勿通电，应放在温暖通风处让水分完全蒸发，或用风扇、吹风机吹干水分后才可通电使用；不要使用酒精、洗涤灵等腐蚀性清洁剂。

③擦拭电视机屏幕过程中不要在同一个地方来回用力擦拭，因为这样容易造成屏幕压痕或损坏，可以采用从左到右、从上到下的方式擦拭；先用湿布擦，再用干布擦拭一遍即可。

④平时电视机不要用塑料布、布套等覆盖，在电视机的底部不要垫泡沫、塑料或绒布，以免影响电视机散热。

⑤电视机应避免连续使用的时间太长（最好不超过8 h），长时间使用会使电视机的内部零件温度过高，从而烧坏内部零件或加速零件的老化。

任务实施

一、电饭煲的维护

（一）灯不亮、无法加热

检查电源线、保险管是否通电，有无其他脱落或烧断的电线和锅内电线是否接错或脱落。如果有脱落、烧断或接错的电线，那就重新接好线。如果是按下加热键而触点合不上，那么需要调整触点间距。若发热盘内加热管烧坏了，则需要更换发热盘。

(二)煮出夹生饭

出现饭夹生的现象一般是由限温器里的磁环磁力变弱造成的。处理方法：将电饭煲拆开之后检查它的磁环是否断裂，看看它的吸力怎么样，如果出现了损坏，就要更换磁环。

(三)煮好饭后不能保温

电饭煲保温效果变差，是因为保温开关的常闭触点表面积了灰尘或脏污，增大了触电电阻，最后使触点闭合而导致电路不通，发热管无法工作。这时可用细砂纸将触点的表面清洗干净，进行打磨，光滑之后就可以正常使用了。

(四)饭煮糊

饭煮糊的现象也是常有的事情，可能是因为保温开关的常闭触点与结烧黏合在了一起，虽然此时饭已经煮熟，限温器的闸也已关闭，但保温开关仍然在给发电管通电，这样时间一长，饭就糊了。这时可用一把小刀将触点分开，然后用细砂纸将触点表面清洗干净。

(五)漏电

可以用电笔上的灯亮与否来判断是否漏电。有时可能是因为接错线，解决的方法是对照其他新锅检查或重新布线。如果检查出是发热盘内加热管漏电，那么需要更换发热盘。如果是进水或受潮，那就需要晾晒。

二、微波炉的维护

(一)加电无反应，保险管完好

机械控制式微波炉：可检查机械定时器、磁控管限温器。电脑控制式微波炉：观察电脑板的保险管，检查电脑板上电源变压器、磁控管限温器。在排除故障后，可换上保险管试机。

(二)能运转，但不能加热

出现此故障时，先测量高压变压器初级有无供电，然后根据测量结果确定检修范围。若测得高压变压器初级无 AC220 V 供电，机械控制式微波炉，应检查定时器、门开关；电脑控制式微波炉，应检查门开关、电脑板火力继电器及驱动三极管。若测得高压变压器初级有 AC220 V 电源，则检查高压变压器、高压保险、高压二极管、保护二极管。

(三)不能加热，噪声增大或振动大

出现此故障时，重点检查微波系统，如高压二极管、高压变压器、高压电容、双向二极

管、磁控管是否存在故障。

(四)加热慢,火力明显减小

此故障通常是由于磁控管老化,少数是由于功率控制选择开关或功率继电器触点不良。

(五)启动或停止键失灵

此故障一般见于电脑控制式微波炉,应检查薄膜开关是否损坏。

(六)托盘不运转

出现此故障,应在确认转轴与轨道正常的情况下,检查托盘同步电机及电机供电电压是否正常。

(七)风扇电机不运转

出现此故障,应检查风扇电机及供电是否正常。

三、电磁炉的常见故障与排查

电磁炉的结构和电源较为复杂,容易发生故障的地方很多,因此检测和维修也比较复杂。其常见故障现象、产生故障的原因及检测和排除故障的措施分述如下。

(一)电磁炉接通电源后,风扇不转动,排气孔无风

1. 可能原因
①插头接触不良。
②空烧。
③熔丝熔断。
④冷却风排气孔堵塞。若风扇正在运转而冷却排气孔无风吹出,则可能是冷却风排气孔被异物堵塞。

2. 排查步骤
①检查电源插头,如有松动,要重新插牢。
②一般高频电磁炉都有负载检测电路,如空烧就会停止加热,待电磁炉冷却后,放上盛有食品的锅便可重新烧煮。
③检查熔丝,如发现已熔断,查明原因后,更换同规格的熔丝。
④冷却风排气孔应经常保持清洁,如发现堵塞,应及时予以疏通。

(二)使用过程中电磁炉突然停止工作

1. 可能原因
①电源插头与插座接触不良。
②熔丝熔断。

③加热线圈短路。

④与功率开关管 c、e 极间并联的二极管被击穿。

⑤高频谐振电容器被击穿。若与加热线圈并联的谐振电容器被击穿，则电路无谐振，电磁炉便不能工作。

⑥扼流圈烧断。如果扼流圈被烧断，就不能为加热线圈提供工作电流，电磁炉同样无法工作。

2.排查步骤

①在使用电磁炉过程中，人们有时会由于忙乱或其他原因未将电源插头插牢，不小心碰触一下就会造成虚插。此时只需使电源插头与插座接触良好即可。

②检查装在电磁炉中的大电流熔丝是否熔断。若是，则应更换同型号的熔丝。

③若电源指示灯亮，而加热指示灯不亮，则应检查加热线圈是否有问题。若已损坏，则需更换(大部分电磁炉的电源指示灯为红色，加热指示灯为绿色。若电源指示灯亮，而加热指示灯不亮，则应重点检查加热线圈和指示灯电路)。

④如果二极管击穿后短路，功率开关便会失去作用，电磁炉不能继续工作。此时应更换已损坏的二极管。

⑤拆下电容器后用万用电表检测，若确已损坏，则予以更换。检查确认后更换同型号的扼流圈电容器。

(三)烧煮时有振动和振荡噪声

1.可能原因

①烹饪锅底不平造成与电磁炉灶台平板接触不良。

②取样电路有故障。高频电磁炉正常工作时振荡频率为 20~30 kHz，若有振荡声，表明工作频率偏低。当加上烧锅时有连续振荡声，说明负载检测电路有故障，一般多为取样电路故障。

2.排查步骤

①应更换平底锅，使锅底与电磁炉灶台平板贴合。

②应检测取样电路，看是否是由耦合电路开路造成的。如耦合电路短路，更换耦合电路后，电磁炉便能恢复正常指示灯亮，但不能加热。

任务评价

1. 清洁洗衣机、冰箱，并拍照分享成果。
2. 讨论各种型号手机维护的技巧。

能力拓展

观看家电护理小技巧之全方位清洁冰箱的视频。

项目三

任务卡 2

班级	姓名	组号	学号	时间

任务			评价方法	视频、照片

任务分工及执行情况	
总结	
心得体会	

自我评价	优秀□ 良好□ 及格□ 不及格□
同学评价	优秀□ 良好□ 及格□ 不及格□
教师评价	优秀□ 良好□ 及格□ 不及格□

项目四
家居环境美化

王进喜：有条件要上，没有条件创造条件也要上！

"有条件要上，没有条件创造条件也要上！"

这熟悉的金句，您知道是谁说的吗？

1959 年 9 月 26 日，随着一股工业油流从松辽盆地北部的"松基三井"喷涌而出，大庆油田正式诞生，这粉碎了国际敌对势力以石油为武器，对我国进行政治孤立、经济封锁、军事威胁的企图。从此，中华人民共和国甩掉了"贫油"的帽子。

1960 年，王进喜率队奔赴大庆油田参加石油大会战。会战之初，困难重重。钻机到了，吊车不够用，几十吨的设备怎么从车上卸下来？几万人马在萨尔图草原一下子傻眼了。"有条件要上，没有条件创造条件也要上！"王进喜喊出了这句后来广为人知的口号，带队"人拉肩扛运钻机"，用滚杠加撬杠，靠双手和肩膀，奋战 3 天 3 夜，硬是迎着寒风将高 38 m、重达 22 t 的井架矗立于荒原。要开钻了，可水管还没接通，王进喜又带领工人拿着脸盆、水桶到附近的水泡子里破冰取水，一盆盆、一桶桶地往井场端了 50 t 水。5 天零 4 小时的艰苦奋战，王进喜率领 1205 钻井队打出了大庆第一口油井，并创造了年进尺 10 万 m 的世界钻井纪录。

（https://xw.qq.com/cmsid/20220110A04UI200？pgv_ref=baidutw，有改动）

任务一　家居美化原则及方法

学习任务

在充分了解家居美化原则及方法后，利用闲暇时间为寝室或自己的家进行一次"美容"。

任务导入

如今，越来越多的人追求生活空间的高质量，喜欢花点小心思在家居美化上，如重新布置家具摆放位置、添置各色家居物品，让家居环境保持清新整洁并不断更新升级，时不时给家人制造小惊喜，让全家人都保持愉悦的心情。

任务准备

1. 准备清洁工具、家居装饰小工具。
2. 准备家居美化设计思路或图纸。

知识储备

一、家居美化原则

(一) 卫生间

卫生间是人们用水的重要场所，环境比较潮湿，容易滋生霉菌，特别是在卫生间的角落(图 4-1-1)和瓷砖间的缝隙处，总会有一些污渍，这大大降低了卫生间使用的舒适度。

对于这种污渍，可以使用温水与双氧水、小苏打、盐混合(具体是 700 mL 的温水、两勺双氧水、两勺小苏打粉、一勺盐），喷在霉菌滋生的地方，一段时间后就会发现霉菌慢慢地融化，再使用清水简单清洗即可。

铁锈可以使用柠檬和盐来进行清洁：首先可以使用蘸了柠檬汁的抹布来擦拭生锈部位，再用废弃的牙刷蘸盐进行刷洗。清洁、冲洗后，将水渍擦干，防止再次生锈。

图 4-1-1　卫生间角落霉菌

(二)泛黄的窗帘

家中洁白的窗帘使用时间长了易泛黄，简单清洗时效果不佳。可在浸泡窗帘时加上半杯食盐，浸泡一天后再清洗，这样窗帘就洁白如新了。

(三)白色的家具表面出现污渍

白色的家具最容易出现污渍，用抹布很难擦拭干净，这时可将牙膏抹在抹布上，轻轻地进行擦拭，这样污渍就会很轻松地去除，但是擦拭的力度不要太大，以免磨坏漆面。

二、常见家居美化方法

(一)色彩调节法

室内主色调采用素雅的浅色，可给人以清新、宽敞、舒爽的感受。如把天花板刷成淡蓝色，墙壁刷成乳白色、米黄色或淡绿色，家具、窗帘、沙发或床罩取白色、粉色、淡蓝色、微紫色等。

(二)家具组合法

利用组合、折叠的艺术可使房间的实用空间"变大"。组合家具不但占据的空间小，而且经常变换组合形式能给人以常变常新的新鲜感。饭桌、座椅、写字台甚至小孩的床铺，都可采用折叠式，这样就可更有效地使用空间。有条件者可将房门设计成左右推拉式，也可使居室变大(图 4-1-2)。

(三) 玻璃反射法

在墙上装一整面的镜面玻璃，通过玻璃的反射作用和人的视觉差异可使房间有扩大一倍的感觉。特别是狭长的房间，在两侧装上玻璃效果更好。

(四) 巧用空间法

层高比较高的居室可以利用空间高度在房顶四周安装一圈吊柜，使家具高空化。如与房顶装饰巧妙结合或建几平方米的小阁楼，可用来安置床铺或放置一些不经常使用的物品。

图4-1-2　折叠式家具

(五) 壁画点缀法

在光线较好的墙面上布置几张画面深远、富有立体感的风景画，能引发遐想，使人顿觉地阔天高。

(六) 增加采光法

如果条件允许，可将窗户改成落地窗或在一定程度上扩大窗户的面积，因为房间光线充足可使视觉空间增加，从而让人觉得房间面积大大增加。

(七) 整洁有序法

将房间的家具、摆设以及各种家用杂物归类摆放，令其井然有序，并将室内打扫得一尘不染，也会给人一种明亮舒适之感。

(八) 窗帘增大法

将居室窗帘扩大至同整个居室的一面墙一样大，使人产生一种窗大即房大的感觉。巧妙利用常春藤、吊竹梅等叶子下垂的植物，似具有动感活力的"绿色瀑布"，既不占地方，又能增美溢香。

(九) 线条装饰法

如果房间低矮，可在四个角落处的墙上各画几根色彩鲜艳的竖线条，天花板就会显得

"高"些；要是房间长度较短，就在两边墙面的最下部各装饰一组横线条，房间即会变"长"些。

任务实施

美化自己的房间

家居美化方法及步骤如下。

①开启窗帘。拉窗帘、开窗、通风，检查窗帘是否有掉钩、脱轨或破损现象，窗户拉手是否灵便好用，关掉房内不必要的照明灯。平时清洁窗帘只需将灰尘掸落，如果有污垢的话就需要取下清洗。

②清理垃圾。将用过的烟缸、餐具、杯具统一收到厨房待洗，换上新的垃圾袋。

③清扫墙壁。用鸡毛掸子将房内四壁掸一遍，用洁净的微湿抹布按顺序轻轻擦拭墙面，墙壁上应不留擦拭痕迹。

④清洁玻璃窗。清洁玻璃窗时应先用湿抹布按从上到下、从左到右的顺序，两手夹着玻璃擦拭，直至擦净，然后要趁玻璃表面七成干时，用撕碎的报纸或干抹布擦干玻璃。玻璃窗清洁干净的标准：表面无顽垢，无黏附性污迹；玻璃干净、明亮，上面无手印、无灰尘。

⑤整理床铺。日常应将床单、被套理齐拉平整。

⑥房内抹尘。准备干、湿两块抹布，从房门门框开始，用湿抹布擦拭各种家具，用干抹布按顺时针方向抹踢脚边。用柔软的干抹布擦拭电器、镜子及其他遇湿易腐蚀物品。家具清洁顺序：由上至下，由里向外，从左到右，先桌面后桌腿，先擦大件再擦小件，先擦净处再擦脏处，先擦明处后擦暗处，先擦拭后摆放。

⑦地面清洁。按从里至外的顺序清扫房内地面的垃圾。

⑧卧室装饰。选取喜欢的摆件摆放在桌子或床头柜上，卧室空间大的话可以摆放几盆适合养在卧室的绿植和花卉。有兴趣的也可以设计照片墙或贴上其他图片来丰富卧室墙面内容。

任务评价

1. 清洁美化自己的房间并拍照分享成果。
2. 讨论家居美化的技巧。

能力拓展

1. 观看家居清洁小技巧之厨房天然清洁剂的视频。
2. 定期对家中房间或寝室进行清洁整理。

项目四　　　　　　　　　　　**任务卡 1**

班级	姓名		组号	学号	时间
任务				评价方法	视频、照片
任务分工及执行情况					
总结					
心得体会					
自我评价	优秀□　　良好□　　及格□　　不及格□				
同学评价	优秀□　　良好□　　及格□　　不及格□				
教师评价	优秀□　　良好□　　及格□　　不及格□				

任务二 家居美化小技巧

学习目标

1. 了解家居美化常识。
2. 掌握插花、常见家庭绿植和花卉养护技巧。
3. 具备美化家居环境的意识与实践能力。
4. 树立劳动创造美的观念。

学习任务

在充分了解并掌握绿植种植和插花方法后，学会家居点缀技巧，并利用闲暇时间为寝室或自己的家增添一份养眼的颜色。

任务导入

为了能在家体验到田园风光，许多人喜欢在家中种养绿植和花卉，这既可以美化家居环境，还可以陶冶情操，增添生活乐趣，让家人和自己时刻感受自然，保持平静满足的生活态度。

任务准备

1. 准备插花工具、材料。
2. 准备绿植种植必备材料。

知识储备

绿植花卉种养技巧

(一)客厅

客厅空间较大，也是待人接物的地方，应该选择具有较高观赏价值、高大的常绿植物，以便彰显空间的大气。但对不同的家装风格，要注意选择不同的植物以保持风格统一(图4-2-1)。

图 4-2-1　客厅绿植

(二)卧室

卧室是人们休息的场所，不建议摆放太多植物，也不适合摆放花香浓郁的花卉，一般选择清新淡雅、植株矮小的植物，可起到吸尘、净化空气的作用，同时要与窗帘、家具、床上用品、墙面等保持协调。

(三)书房

书房是人们工作和学习的地方，装点一些绿色植物有利于调节书房的氛围，但植物的种类不宜过多，以观叶植物或色彩淡雅的盆栽为宜。同时也可以摆放一些插花，但色彩不宜过于鲜艳，以简单素雅的艺术插花为宜。也可以根据自己的喜好添置玲珑雅致的小型观赏植物(图 4-2-2)。在紧张的脑力劳动后欣赏植物，可起到舒缓压力的作用。

图 4-2-2　书房绿植

(四)厨房

厨房油烟较多,摆上几盆绿植,可使空气保持清新。尽量选择生命力顽强、具备净化能力的植物。在厨房里,植物最好远离灶台,摆放在窗台或是水槽旁,这样既可以让植物吸收阳光,还方便给其浇水。此时浓浓的绿意好似与窗外的景致融为一体,彰显清新的田园风格。把植物放在调味品的置物架上,则多了一分自然的诗意,连厨房都变得美好了(图4-2-3)。

(五)卫生间

卫生间通常灯光暗淡,潮湿阴凉,难免有异味,需要选择耐阴、喜湿、有香味的植物。如果有窗户,植物最好放置在窗户边,如果没有窗户,那么任何位置都可以摆放,只要不妨碍空间使用即可。

图4-2-3 厨房绿植

任务实施

一、插花步骤及技巧

(一)插花前准备工作

1.收集必要的材料

在插花之前,应先收集易得的材料。准备什么材料取决于插花的类型,你可能需要以下部分或全部材料。

①一个干净的容器,用来装花卉,可以是一个花瓶、一个碗或一个篮子等——取决于花卉的数量和大小。

②一些花卉泡沫或花卉饰扣(将花卉放在开口容器里)。

③一些花带或胶带(将花卉系起来,尤其用高瓶或窄瓶放插花的时候)。

④一把锋利的刀或花卉剪(修剪花卉的茎干)。

⑤一些防腐液(通常用在新鲜的花卉上)。

⑥一片干净、宽敞的地方,并铺上报纸。

2.修剪花卉的茎叶

在插花之前,先修剪花卉的根茎(图4-2-4)。这可使花卉更容易吸收水分,保持新鲜。使用锋利的刀或花卉剪,在距离根部2.5 cm的地方斜切花卉的根茎。不建议使用厨房剪刀,因为这可能会破坏根茎,从而使根茎不能很好地吸水。

如果在修剪时要离开(无论多长时间),那么在插花之前,记得直接将根茎二次剪断,然后将它们插进容器。

在插花之前,还需要剪掉所有低于水面的叶子。这一点很重要,因为水里的叶子会腐烂,进而污染容器中的水。

3.准备容器

准备一个用来插花的花瓶、盆或者其他容器(图4-2-5),确保容器干净并完好,不要有残留物和污垢。

图4-2-4　修剪茎叶

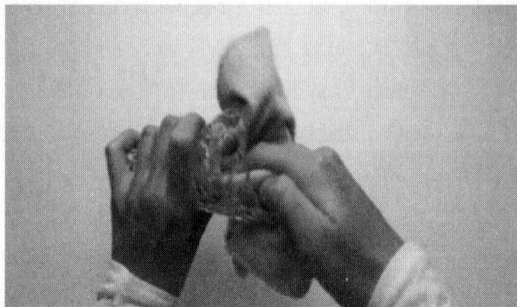

图4-2-5　准备容器

如果使用的是花卉泡沫(这是种很棒的发明,它可以很好地控制插花的造型,并且可以让根茎充分吸收水分),那么可以将其浸泡在防腐剂中(15 min)。然后用一把锋利的刀将其削成预定的形状。将削好的、潮湿的泡沫放到容器中,然后用花带或胶带将其固定。

如果使用的是透明的花卉饰扣网格(这适用于支撑根部较重或者木质梗的花卉),可以将其放在容器里并用胶带或者花卉黏合剂将其固定。

或者,可以在容器底部安置些木质根茎的绿色植物,并让它们交织在一起。这就产生了一种有机的网格模型,从而能够保障插花成功。

> **小贴士** ▶　如果花卉上存有含苞待放的花骨朵儿,并且你想让它们早点盛开,那么可以添加些温水,而不是冷水。这对于玫瑰和毛茛属植物最有效。

4.添加水

如果使用的是花卉饰扣,那么可以将其设计成网格状,从而让花卉自己直立起来,这时应往容器里加水。如果使用的是花卉泡沫,那么无须额外添加水。

把水倒入容器后添加防腐剂。如果没有防腐剂,那么可以尝试添加几滴氯酸钠漂白水作为替代品——这可以杀死水中的细菌,进而有助于花卉更长时间保鲜。

(二)制作插花

1.插入最大的、最主要的花卉

当你着手插花时,首先插入最大、最主要的花卉。在同一阶段,最好插入同一种类的花卉,而不是接着插不同类型的花卉。利用这种方法,可以更加平衡地安排花卉的品种、形状、颜色和层次。

2.外圈插花

将花卉围成一圈,沿着容器边沿摆放(图4-2-6)。如果使用的是花卉泡沫,那么花卉的根茎应该很容易插入。如果不易插入,那么可将根茎削尖,进而将泡沫刺破,并将花卉插进去。千万要注意：空洞不要太大(其直径不要大于根茎)，否则花卉很难固定。

在插花时，一定要顾览全局，以确保花卉都各在其位(转盘是个很好的工具)。

图 4-2-6 摆放花卉

> **小贴士** ▶ 为使花卉保鲜，在剪掉花卉之后，立即将根茎浸泡在 30.5 cm 深的热水中。待水降温之后(达到微温的程度)，将它们放在冰凉的水中。将花卉包裹起来，以免它们被烫伤。
>
> 一旦完成插花，应该尽量让它们避免阳光直射，尽量让它们远离高温，远离水果，因为这些都会加剧花朵的萎蔫。
>
> 将花粉雄蕊从花朵里移除。

3.对花卉进行分层

一旦完成了第一圈的插花，接下来就要开始插入其他花卉。

插内圈花卉时，应该将其摆放在内圈。让这圈花的根茎稍稍长于外层的花朵，创造出一个半球形的视觉效果。当插花完成的时候，花卉看起来就像盛开在山顶一样。

以这种方式继续对花进行分层，一个品种一个品种地插，同时根据花的大小和数量进行合理安排(图 4-2-7)。

图 4-2-7 分层插花

每一层使用的花朵的数量应当是奇数。插花的一个主要规则就是每种花卉的数量应该是奇数。例如，可以在外圈安插 7 朵红玫瑰，在内圈安插 5 朵白玫瑰，然后用 3 朵满天星作为点缀。这让插花看起来不那么单调，显得更加和谐。

4.注意高度和宽度

插花时，花卉的高度和宽度也是一个需要考虑的因素。一般的规则：在高度方面，花卉的高度应当是花瓶高度（容器）的1.5倍。在宽度方面并没有一个明确的规则，但宽度与高度要保持协调。插花时，要不断地旋转容器，以确保高度和宽度能够协调。

5.添加填充材料

当插入所有喜爱的花朵后，可以往里面插入绿叶、浆果或者其他装饰品（图4-2-8）。这不仅可以增强插花的纹理，提高插花的生动性，而且有助于花朵之间的独立性，促进空气流通，从而使花朵长久保鲜。

使用填充材料会给人留下这么一个印象——插花看上去很充实（看上去数量比实际的数量要多）。所以，不需要花很多钱就可以制造出奢华的表象。

图4-2-8　添加绿叶

二、绿萝土培步骤及技巧

（一）浇水

在室内养殖绿萝（图4-2-9），建议3天左右浇一次水。如果由于温度影响干得快，间隔时间短一点，反之间隔时间长一点。

在室外养殖绿萝，一般每天需要浇水。

图4-2-9　绿萝养殖

(二)选择花盆

花盆的选择没有特别讲究的，取决于植物规格。如果随便养棵绿萝，那用普通塑料花盆就可以了；如果希望养得多，更茂盛，建议选择大一点的盆。

(三)选择土壤

其实绿萝是比较好养的植物，用土不需要太讲究，普通的养花的土就可以将其养得很好，如果不会养花，也可以选择腐叶土。

(四)防止烂根

有时候发现绿萝烂根(图4-2-10)，一般是因为水浇得多了。这一点一定要注意。另外，冬季要把绿萝放到温暖的地方养，这点也是很重要的。

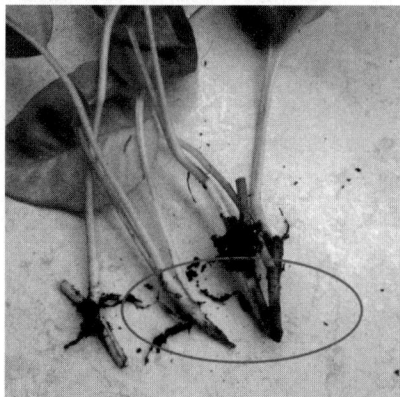

图 4-2-10　绿萝烂根

任务评价

1. 完成一个插花作品并拍照分享成果。
2. 种养一种绿植。

能力拓展

搜集绿植种养小技巧之不喜水的绿植养护方法。

项目四

任务卡 2

班级	姓名	组号	学号	时间

任务		评价方法	视频、照片

任务分工及执行情况	

总结	

心得体会	

自我评价	优秀□　　良好□　　及格□　　不及格□
同学评价	优秀□　　良好□　　及格□　　不及格□
教师评价	优秀□　　良好□　　及格□　　不及格□

项目五
垃圾分类

工匠精神

郭晋龙：从一线工人到大国工匠

2000 年冬天，郭晋龙出差途经石家庄，听到有几个铁路职工在抱怨："本来钢轨焊得好好的，领导让在焊缝处安装鱼尾板(打夹板)。"郭晋龙听到他们的对话很好奇，就问为什么要钻孔上夹板。他们回答说："这是为防止钢轨焊缝断裂，保证列车的安全运行采取的预防性措施。"

当时我国铁路已经实现了三次提速，马上就面临第四次提速，列车的时速对钢轨焊接要求也更高了。打夹板就是为防止钢轨断裂上的一道保险。但是，打夹板要耗费许多的人工和资金。如何让焊接的钢轨不打夹板也一样万无一失呢？

出差回来后，郭晋龙跟领导提出要搞这项研究，直接就被领导否决了。这是个大课题，"而我们单位不是科研机构，没有科研经费。再说了我的学历低，知识面很窄，搞这样大的课题，根本不可能。我很较真，非要研发这项课题，没场地自己找，没资金自己筹，从此走上了研发之路。"郭晋龙感慨地说。

为了解决这一重大课题，不是专业科研人员、没有科研经费支持的郭晋龙自筹资金30万元，历时 5 年，经历了无数次失败，率先研发出"钢轨焊缝双频正火设备及工艺"技术，彻底解决了钢轨裂缝、断裂问题，满足了列车高速度、高密度、重载运行的需求。

这项技术获得了 2010 年度国家科技进步二等奖。郭晋龙也凭借精益求精、创新求索的工匠精神，成为中国铁路技术工人登上国家科技领奖台的第一人。目前，该项技术成果已被全国高铁钢轨焊接生产线所采用，保障了我国高铁跑出中国速度。这之后，他又带领科研团队研制全数字闭环控制中频直流闪光焊轨机，彻底改变了我国焊接钢轨设备依赖进口的局面，把"中国制造"转变为"中国创造"。

(http://nm.people.com.cn/n2/2021/1012/c196689-34952797.html，有改动)

任务一　垃圾分类方法和技巧

学习目标

1. 了解国内外垃圾分类方法。
2. 掌握垃圾分类技巧。
3. 树立环境保护意识。

学习任务

掌握垃圾分类方法及技巧后，在宿舍和家中进行垃圾分类知识学习和分类练习，并在日常生活中时刻践行垃圾分类，养成合理处理垃圾的好习惯。

任务导入

"垃圾是放错位置的资源。"分好类的垃圾经过专门的回收处理，都能物尽其用：食物垃圾变成沼气和生物肥料；废塑料瓶变成新的塑料制品；旧报纸可用于印刷新报纸；金属瓶盖可用来造汽车……

任务准备

1. 准备垃圾分类工具。
2. 准备家庭垃圾分类计划。

知识窗

国外垃圾分类方法

知识储备

一、垃圾分类的意义

(一)垃圾分类起因

垃圾分类是对垃圾收集处置传统方式的改革,是对垃圾进行有效处置的一种科学管理方法。人们面对日益增长的垃圾产量和环境状况恶化的局面,如何通过垃圾分类管理最大限度地实现垃圾资源利用,减少垃圾处置的数量,改善生存环境状况,是当前世界各国共同关注的问题。

垃圾增多的原因是随着人们生活水平的提高,各项消费也日益增多。经过高温焚化后的垃圾虽然不会占用大量的土地,但它投资惊人。难道我们对待垃圾就束手无策了吗?办法是有的,那就是垃圾分类。垃圾分类即指在源头将垃圾分类投放,并通过分类清运和回收使之重新变成资源。

(二)垃圾分类的好处

1.减少土地侵蚀

生活垃圾中有些物质不易降解,会使土地受到严重侵蚀。进行垃圾分类,去掉可以回收的、不易降解的物质,垃圾可减少60%以上。

2.减少污染

我国的垃圾处理多采用卫生填埋甚至简易填埋的方式,占用上万亩土地,并且虫蝇乱飞,污水四溢,臭气熏天,严重污染环境。

土壤中的废塑料会导致农作物减产;废塑料被动物误食,导致动物死亡的事故时有发生。因此回收再利用还可以减少垃圾对动植物的危害。

3.变废为宝

中国每年使用塑料快餐盒达40亿个,方便面碗(5~7)亿个,一次性筷子数十亿双,这些占生活垃圾的8%~15%。1 t废塑料可回炼600 kg柴油;回收1500 t废纸,可少砍伐用于生产1200 t纸的林木;1 t易拉罐熔化后能结成1 t很好的铝块,可减少20 t铝矿的开采等。生活垃圾中有30%~40%可以回收再利用,应珍惜这种小本大利的资源。大家也可以利用易拉罐制作笔盒,既环保又节约资源(图5-1-1)。

图5-1-1 易拉罐循环利用

而且,垃圾中的其他物质也能转化为资源,如食品、草木和织物可以堆肥,生产有机肥料;垃圾焚烧可以发电、供热或制冷;砖瓦、灰土可以加工成建材等。如果能充分挖掘生活垃圾中蕴含的资源潜力,可获得较大的经济效益。可见,及时进行分类、回收再利用是解决垃圾问题的最好途径。

总之，垃圾分类的好处是显而易见的。垃圾分类后被送到工厂而不是填埋场，既减少了土地占用，又避免了填埋或焚烧所产生的污染，还可以变废为宝。在这场人与垃圾的"战役"中，人们把垃圾从敌人变成了朋友。

二、垃圾分类标准

生活垃圾按照国家相关规定和不同属性、处理方式分为下列类别。

①可回收物，是指纸类、塑料器具、金属、玻璃、织物等可资源化利用的废弃物。

②有害垃圾，是指含汞灯管，家用化学品，含铅、汞、镉电池等对人体健康或者自然环境造成直接或者潜在危害的废弃物。

③厨余垃圾，是指菜帮、菜叶、瓜果皮壳、剩菜剩饭、肉碎骨、水产品、畜禽内脏等易腐烂、含有机质的废弃物。根据厨余垃圾产生在家庭、餐饮服务、农贸市场等场所的不同，分为家庭厨余垃圾、餐厨垃圾和其他厨余垃圾。

④其他垃圾，是指前三项之外的废弃物，包括大骨头、餐巾纸、卫生间用纸、纸尿裤、塑料袋、花盆、陶瓷等。

家具、家用电器等整体性强、体积超过生活垃圾收集容器的废弃物，称为大件垃圾。

三、减少垃圾的基本方法

(一)垃圾减量

将避免或减少垃圾的理念贯穿到产品设计、制造、生产、流通和消费等环节，倡导清洁生产和低碳生活，减少资源消耗和垃圾产生。

(二)减少产生

少买独立包装的食品及用品，尽量选购家庭装或补充装；少使用一次性用品，摒弃即用即弃的习惯。

(三)物尽其用

弃置物体前，先考虑其可否再用；将无用的物品转赠给有需要的人，比埋在堆填区更有价值。

(四)循环再造

将废弃物分类后放进可回收垃圾桶或交给专业回收人员，支持绿色消费，购买循环再造用品；使用可循环再造或可分解物料包装的用品。

(五)绿色低碳

①就餐：适量点菜，合理搭配，减少浪费；提倡剩菜打包带走；不使用一次性餐盒、一次性筷子、一次性水杯等。

②学习办公：不使用一次性签字笔、一次性圆珠笔等文具；纸张双面书写、打印，尽量

运用互联网、局域网进行电子化教学，开展无纸化办公；使用可回收物生产的再生产品。

　　③旅行：提倡登山、郊游、外出等旅游时自带可重复使用的杯子、洗漱用品等，不使用一次性用品；旅行中产生的垃圾分类收集、投放、不随手丢弃，做文明的志愿者。

　　④购物：提倡购买并使用有中国环境标志、循环利用标志和中国环保产品认证标志的环境友好型商品。

任务实施

学习日常垃圾分类操作

(一)垃圾收集

收集垃圾时，应做到密闭收集、分类收集，防止二次污染环境，收集后应及时清理作业现场，清洁收集容器和分类垃圾桶。非垃圾压缩车直接收集的方式，应在垃圾收集容器中内置垃圾袋，通过保洁员密闭收集。

(二)投放前

垃圾投放前，纸类应尽量叠放整齐，避免揉团；瓶罐类物品应尽可能将容器内产品用尽，清理干净后投放；厨余垃圾应做到袋装、密闭投放。

(三)投放时

应按垃圾分类标志的提示，分别投放到指定的地点和容器中。玻璃类物品应小心轻放，以免破损。

(四)投放后

应注意盖好垃圾桶上盖，以免垃圾污染周围环境，滋生蚊蝇。

任务评价

1.完成垃圾分类并拍照分享成果。
2.讨论垃圾分类技巧。

能力拓展

学习更多垃圾分类小知识。

项目五　　　　　　　　　　　　　**任务卡1**

班级		姓名		组号	学号		时间	
任务					评价 方法		视频、照片	
任务分工 及执行情况								
总结								
心得体会								
自我评价		优秀□　　良好□　　及格□　　不及格□						
同学评价		优秀□　　良好□　　及格□　　不及格□						
教师评价		优秀□　　良好□　　及格□　　不及格□						

任务二 家庭垃圾分类实施方案

学习目标

1. 学会设计我的家庭垃圾分类计划。
2. 能够主动进行家庭垃圾分类。
3. 树立环境保护意识。

学习任务

在掌握垃圾分类方法及技巧后，进行垃圾分类劳动实践，并根据劳动实践体验设计自己的家庭垃圾分类方案，提升自我垃圾分类意识及能力，带动家人参与垃圾分类实践。

任务导入

习近平总书记在党的十九大报告中指出："建设生态文明是中华民族永续发展的千年大计。"垃圾分类关系到每个人的身心健康，将垃圾分类理念植入全民心中，号召每个家庭参与垃圾分类劳动实践，具有非常深远的意义。

任务准备

1. 准备家庭垃圾分类实践。
2. 准备垃圾分类知识。

知识储备

一、认识生活垃圾分类四色图标及对应垃圾桶颜色

图 5-2-1 所示为垃圾桶图标。

厨余垃圾 Kitchen waste	可回收物 Recyclable	其他垃圾 Other waste	有害垃圾 Harmful waste
绿色：厨余垃圾	蓝色：可回收物	黑色：其他垃圾	红色：有害垃圾

图 5-2-1 垃圾桶图标

（一）厨余垃圾

厨余垃圾指在食品加工和消费过程中产生的剩菜剩饭、菜帮菜叶、瓜果皮核、废弃食物、废弃食用油脂等易腐的垃圾及家庭盆栽废弃的枝叶等。

（二）可回收物

可回收物指回收后经过再加工可以成为生产原料或经过整理可再利用的物品等。

（三）其他垃圾

其他垃圾指可回收、厨余垃圾、有害垃圾之外的垃圾。

（四）有害垃圾

指含有对人体健康有害的重金属、有毒的物质或对环境造成现实危害或者潜在危害的废弃物。

二、生活垃圾分类投放指南

（一）可回收物（蓝色）

表5-2-1所示为可回收物分类。

表5-2-1　可回收物

废纸类	旧报纸、报刊杂志、纸箱、挂历、台历、信封、纸袋、卷纸芯、传单广告纸、包装纸、包装盒等未被沾污的纸类制品
废塑料类	饮料瓶、矿泉水瓶、洗发水瓶、沐浴瓶、食用油桶、奶瓶、塑料碗盆、泡沫塑料等不含其他杂质的塑料制品
废玻璃类	玻璃调料瓶、酒瓶、玻璃花瓶、玻璃盘、玻璃杯、门窗玻璃、茶几玻璃、玻璃工艺品、碎玻璃等
废金属类	易拉罐、金属制奶粉罐、金属制包装盒（罐）、锅、水壶、不锈钢餐具、铁钉、螺丝刀、刀具刀片、废旧电线、金属元件、金属衣架等金属制品
废织物类	衣物、窗帘等纺织制品

(二)厨余垃圾(绿色)

表5-2-2所示为厨余垃圾分类。

表5-2-2 厨余垃圾

食材废料类	菜梗菜叶、大蒜皮、土豆皮、笋壳、梅干菜等; 面条、米粉、小米、包子、油条、豆制品等; 羊肉、排骨、动物内脏、水产食品(如鱼、虾、蟹、小龙虾等)、鸡蛋、鸭蛋、鹌鹑蛋、皮蛋、蛋壳等
瓜果皮核类	苹果、粽子叶、糯米鸡叶、榴莲核、花生壳、瓜子壳、杏仁壳、榛子壳等
剩菜剩饭类	剩菜、碎骨、汤渣、茶叶渣、咖啡渣、中药渣
宠物饲料类	狗粮、猫粮、鱼食等
花卉植物类	废弃植物、绿色植物、鲜花、绿叶、中药材等

(三)其他垃圾(黑色)

表5-2-3所示为其他垃圾分类。

表5-2-3 其他垃圾

	受污染与不宜再生利用的纸张类	沾污的纸张纸盒、胶纸、贴纸、蜡纸、传真纸等
其他垃圾	不宜再生利用的生活用品类	保鲜膜、软胶管、沾污的餐盒、垃圾袋、镜子等有镀层的玻璃制品、尼龙制品、编织袋、旧毛巾、内衣裤、一次性干电池、LED灯、牙签、牙线、猫砂、宠物粪便、烟头、破损鞋类、干燥剂、毛发、创可贴、眼镜等
	骨头硬壳类	动物筒骨、猪羊牛头骨等大块骨头;榴莲壳、椰子壳、核桃壳、生蚝壳、扇贝壳、河蚌壳、螺蛳壳等,归入其他垃圾类别

（四）有害垃圾（红色）

表 5-2-4 所示为有害垃圾分类。

表 5-2-4　有害垃圾

废电池类	充电电池、镍镉电池、纽扣电池等
废灯管类	节能灯、荧光灯管等
废家用化学品类	药品包装物、油漆及其桶刷、杀虫剂、消毒剂、老鼠药、农药及其包装物、指甲油、摩丝瓶、染发剂、定型发胶、皮鞋油、水银血压计、水银温度计、X 光片、相片底片等

任务实施

家庭垃圾分类策划活动流程。

（一）活动安排

以各小区为单位，分别进行传单的粘贴工作。
筹备工作：
①自制 20 张关于垃圾分类及分类垃圾做法的传单。
②自制"可回收""不可回收"垃圾内容的社区宣传单各 100 张。

（二）具体安排

1. 前期宣传
①出 4 张宣传海报及 1 张展板（家庭垃圾分类的一些照片）。
②将"可回收""不可回收"垃圾内容的宣传单贴于小区内垃圾桶上，并放好宣传单回收箱。
③将 20 张宣传单粘贴于小区公告栏，并注意以发放宣传单、讲解垃圾分类技巧等形式适当宣传。
④家庭成员集中学习垃圾分类知识。

2. 垃圾分类计划执行
（1）厨房垃圾分类的做法
使用不同颜色或不同样式的垃圾桶，一个用来装果皮、菜叶、残渣等垃圾，另一个用来装过剩的食物、废弃的熟食等，还可以多放几个，分别装塑料、纸巾等普通垃圾。可以在垃圾桶上面贴上标签，写上专门放哪种垃圾。

（2）客厅垃圾分类的做法

客厅作为比较干净的场所，一般情况下会出现的垃圾就是瓜子壳、纸巾、果皮、塑料瓶等，所以分类时建议把塑料瓶和其他垃圾分开，扔进不同的箱子，回收塑料瓶，这样更加环保，也更干净。

客厅应放置带盖垃圾桶，这样能够避免散发异味，但应每天及时清理垃圾。

（3）卫生间垃圾分类的做法

卫生间的垃圾比较特殊，一般是纸巾、废弃牙刷、牙膏盒、卫生巾、洗发水瓶等，所以用两个垃圾箱就够了，一个用来扔废弃的卫生用品包装，一个用来专门扔便巾。

（4）卧室垃圾分类的做法

卧室作为睡觉休息的场所，垃圾一般非常少，因此垃圾分类的做法也较简单，就是做好可回收垃圾与不可回收垃圾的分开处置就好了，准备两个垃圾箱或垃圾桶即可。

除此之外，建议购买可以进行垃圾分类的垃圾桶，避免使用多个单独的垃圾桶。

任务评价

1. 养成家庭垃圾分类习惯并拍照，分享成果。
2. 讨论家庭垃圾分类技巧。

能力拓展

学习更多家庭垃圾分类小技巧。

项目五

任务卡 2

班级	姓名	组号	学号	时间

任务			评价方法	视频、照片
任务分工及执行情况				
总结				
心得体会				

自我评价	优秀☐　　良好☐　　及格☐　　不及格☐
同学评价	优秀☐　　良好☐　　及格☐　　不及格☐
教师评价	优秀☐　　良好☐　　及格☐　　不及格☐

项目六
餐厨劳动

赵亚夫：中国草莓之父

1958年，以优异成绩毕业、爱好文学、想当记者的赵亚夫毫不犹豫地填报了中国人民大学和复旦大学新闻系。不料，因为当时是反右后期，敏感专业不招收应届毕业生，他只能改填志愿。他考虑再三，决心为改变家乡农村的落后面貌做贡献，填报了宜兴农林学院的农机专业。但是因农机专业报考人数少，学院将学生全部转到农学专业。听说农学专业毕业以后要当农民，许多同学以各种各样的理由退学了。毕业时，全班只剩下17人，赵亚夫就是其中之一。

1961年，赵亚夫被分配到镇江农科所工作。在这里，他遇到了毕业于西南联大的优秀老专家任承宪。有了志同道合的恩师指引，赵亚夫不停地在镇江各地农村奔波。他不仅跑片，还蹲点观察、种样板田，在农业科研工作中不断取得成果。

1982年，赵亚夫被选派到日本研修一年。这一年，他深感中国农业的落后，被日本先进的农业技术所震撼。他像海绵吸水一样吸收新技术、新经验。他第一次邂逅草莓、西洋南瓜，认为它们不仅味道好极了，而且经济价值高。他虚心学习种植技术和推广方法，还认真学习日本农业的管理经验，包括农产品的销售模式。回国时，他自费购买的农业科技书装满了13个箱子，而装其他行李只用了一个箱子，其中还包括20棵草莓苗。

回国以后，赵亚夫被任命为镇江农科所所长。他开始选择一块地试种草莓，把带回的草莓苗由20棵繁殖出数万棵。在句容白兔农村推广草莓种植成功以后，赵亚夫总结了草莓种植大户"一亩田+两只羊"的经验，把草莓叶作为羊饲料，用羊粪做肥料，实现了有机种植，改善了草莓的口感。草莓种植开始在全市农村推广以后，产量增加了，可销售就成了难题。于是，赵亚夫着手研究市场，成立合作社，打造品牌、强化宣传，帮助农民销售。接着，草莓种植技术在全省、全国推广，赵亚夫成了"中国草莓之父"。

任务一　饮食文化与健康

学习目标

1. 了解中国的饮食文化。
2. 熟悉饮食健康注意事项。
3. 树立健康饮食与生活的意识。
4. 树立劳动意识。

学习任务

在学习中国饮食文化，掌握健康饮食常识后，能在日常生活中向别人熟练介绍中国饮食文化和饮食健康知识，养成良好的饮食习惯。

任务导入

"民以食为天"，中国被冠以"烹饪王国"的美称，其饮食文化源远流长、闻名世界。中国烹饪是中华民族在生产生活探索中凝聚的各族人民的劳动成果和智慧结晶。作为一名合格的"干饭人"，了解中国饮食文化并掌握健康饮食常识，既能丰富自身的知识储备，又能帮助人们养成健康饮食习惯，还能助力弘扬民族文化。

任务准备

1. 每位学生准备介绍自己家乡的饮食文化。
2. 每位学生分享自己所知道的健康饮食方法。

知识窗

一日三餐

知识储备

在中国传统文化教育中的阴阳五行哲学思想、道家自然观念、儒家伦理道德观念，还有文化艺术成就、饮食审美风尚、民族性格特征诸多因素的影响下，中华民族创造出彪炳史册的烹饪技艺，形成博大精深的中国饮食文化。

一、中国八大菜系

中国的饮食文化源远流长，一个菜系的形成和它的悠久历史与独到的烹饪特色是分不开的。同时，它还会受到这个地区的自然地理、气候条件、资源特产、饮食习惯等影响。地方风味形成因素有社会因素、自然因素和厨师因素。我国历史上形成并为世界认可的八大菜系如下。

(一) 长江上游的川菜

四川烹饪文化历史悠久。考古资料证实，早在商周时期巴蜀地区已有多样烹饪品种。四川金沙遗址及广汉三星堆遗址的发掘提供了充分的证明。

川菜享有"一菜一格，百菜百味"的美誉，由成都菜、重庆菜、自贡菜和具有悠久历史传统的素食佛斋菜组成。其风味菜系由宴席菜、便餐菜、家常菜、三蒸九扣菜、风味小吃等五大类构成。

风味特色：烹调方法擅长小煎小炒，干煸干烧；善用辣椒、花椒调味；家常风味以麻、辣、香著称。

代表名菜：樟茶鸭、麻婆豆腐、宫保鸡丁、辣子鸡丁（图6-1-1）、毛肚火锅、鱼香肉丝、干煸牛肉丝、干烧岩鲤、水煮牛肉、开水白菜。

图 6-1-1　辣子鸡丁

(二) 黄河流域的鲁菜

山东素以"齐鲁之邦"著称，是中国古文化的发祥地之一。孔子曾提出"食不厌精，脍不厌细"的饮食观。

鲁菜由内陆的济南菜和沿海的胶东菜组成。

风味特色：用料广泛，选料讲究；刀工精细，调和得当、工于火候、精于制汤；烹调技法全面，以烹制海鲜见长；善用葱香调味。

代表名菜：清汤燕菜、红烧海螺、九转大肠、葱烧海参（图6-1-2）。

图 6-1-2　葱烧海参

(三) 长江下游的苏菜(淮扬菜)

苏菜由淮扬(淮安、扬州)、金陵(南京)、苏锡(苏州、无锡)、徐海(徐州、连云港)等四大地方风味组成。

其菜式风味体系由船宴和船点、素食斋宴菜、全席菜组成。

风味特色：因料施艺，不拘一格；刀工精细，重视火候；菜品口味清鲜，突出原料本味；荤素组合，合理配料，咸甜醇正。

代表名菜：南京盐水鸭、鸡汁煮干丝、清炖蟹粉狮子头（图6-1-3）、水晶肴蹄等。

图 6-1-3　清炖蟹粉狮子头

(四) 珠江流域的粤菜

岭南是我国古代文化的发祥地之一。广东地区饮食文化在新石器时代前已具雏形。

粤菜以其独特的风格赢得"食在广州"之誉，讲究内外结合、中西结合。粤菜由广州菜、潮州菜、东江菜组成，以广州菜为代表。

风味特色：用料广博奇异，飞禽走兽、山珍海味、奇花异果皆可上桌；菜肴口味讲究四季有别，具有浓厚的南国风味；在烹调上要求做到清而不淡，鲜而不俗，嫩而不生，油而不腻；善于吸收中外烹饪技法之精华，自成一格。

(五)湖南菜

湖南菜又名湘菜，湘菜主要由湘江流域、洞庭湖区、湘西山区三大流派组成。

风味特色：湘江流域以长沙菜为代表，注重刀工火候，常用煨、炖、腊等技法。洞庭湖区以烹制家禽、野味、河鲜见长，色重、芡大、油厚。湘西山区擅长制作山珍野味、烟熏腊肉和各种腌肉，口味咸香带辣。

代表名菜：剁椒鱼头、辣椒炒肉、冰糖湘莲、腊味合蒸、东安鸡(图6-1-4)。

图6-1-4　东安鸡

(六)浙江菜

浙江菜简称浙菜，由杭州菜、宁波菜和绍兴菜组成，以杭州菜为代表。

风味特色：用料精细、独特、鲜嫩，注重火候。

代表名菜：龙井虾仁、西湖醋鱼(图6-1-5)、蜜汁火方。

图6-1-5　西湖醋鱼

(七)福建菜

福建菜又名闽菜,由福州、闽南、闽西三种地方菜组成,以福州菜为代表。

风味特色:用料以海鲜居多,汤菜考究,形成"无汤不行""一汤十变"的传统,善用红糟、虾油等调味品。

代表名菜:佛跳墙(图6-1-6)、淡糟香螺片、鸡汤氽海蚌。

图6-1-6　佛跳墙

(八)安徽菜

安徽菜又名徽菜,由皖南菜(以徽州菜为代表)、沿江菜、沿淮菜组成。

风味特色:擅长烹制山珍野味,精于烧、炖、烟熏,菜肴重油、重酱色、重火功。

代表名菜:无为熏鸡、奶汁肥王鱼、火腿炖甲鱼、清蒸石鸡等。

四、中国饮食文化与药食同源

(一)药食同源

"药食同源"指的是许多食物也是药物,它们之间并无绝对的分界线。古代医学家将中药的"四性""五味"理论运用到食物之中,认为每种食物也具有"四性""五味"。随着经验的积累,药、食才开始分化。在学会使用火后,人们开始食熟食,烹调加工技术才逐渐发展起来。在食与药开始分化的同时,食疗与药疗也逐渐区分开米。中国中医学自古以来就有"药食同源"(又称为"医食同源")理论。

既可做食品又可入药的物品名单:甘草、丁香、八角茴香、白芷、刀豆、小茴香、山药、山楂、决明子、马齿苋、乌梅、木瓜、玉竹、白果、白扁豆、龙眼肉(桂圆)、百合、枣(大枣、酸枣、黑枣)、肉豆蔻、肉桂、余甘子、佛手、杏仁(甜、苦)、沙棘、牡蛎、芡实、橘红、桔梗、花椒、赤小豆、阿胶、鸡内金、麦芽、罗汉果、金银花、橘皮、鱼腥草、姜(生姜、干姜)、枸杞子、栀子、砂仁、胖大海、茯苓、桃仁、桑叶、桑葚、益智仁、荷叶、莲子、淡竹叶、菊花、紫苏、葛根、鲜白茅根、鲜芦根、黑芝麻、黑胡椒、槐花、蒲公英、蜂蜜、酸枣仁、薄荷、覆盆子、藿香。

(二)饮食与健康

吃是生命活动的表现，是健康长寿的保证，"安谷则昌，绝谷则亡"；只有足食，才能乐业，"安民之本，必资于食"。因此，饮食不仅维系着个体的生命，而且关系到种族的延续、国家的昌盛、社会的繁荣、人类的文明。如果说，过去由于穷困，人们不得温饱，营养不良，那么，在今天，人们生活水平显著提高，绝大多数人衣温食饱，虽然营养不良状况有了很大改善，但是营养不均衡的问题却日益突出。明代大医药学家李时珍曾说过："饮食者，人之命脉也。"这是千真万确的。养生，必须首先从饮食做起，真正懂得吃的科学和方法。

营养学研究发现，维持人类生命健康至少需要 42 种营养素。其中包括各种蛋白质、脂肪、糖类、纤维素、维生素、无机盐和水七大营养素，因此我们应做到膳食多样化，养成健康的饮食习惯。按照中国的国情，我们还应保持传统的以谷类食物为主、蔬菜水果为辅的饮食习惯，适当增加豆类、动物性食品，尤其是增加乳制品的摄入量。由于各类食物所含能量不同，因此除了保持饮食品种均衡之外，还要注意各类食物摄取的分量，以便获得足够的能量供应机体所需。

1. 饮食健康四大原则

①民以食为天。

②合理膳食就是科学膳食。

③合理膳食的精髓是科学。

④建立良好的饮食习惯。

2. 饮食的注意事项

①适时补充维生素。

②在外就餐要注意健康。

③提防糖尿病和高胆固醇。

④避免来自大自然的威胁。

3. 饮食健康的好习惯

①多吃"好油"。

②摄取优质蛋白质。

③慎选优质淀粉。

④戒掉"坏零食"。

⑤每天吃新鲜蔬果。

⑥戒除"甜品瘾""奶茶瘾"。

⑦尽量选用有机食物。

小贴士 ▶ 　营养搭配基本原则：①食物种类要多样化；②饥饱要适当；③油脂要适量；④粗细要搭配好；⑤食盐要限量；⑥甜食要少吃；⑦饮酒要限量；⑧三餐要合理。

任务实施

一、剁椒鱼头

材料：花鲢鱼头/雄鱼头 1 个，剁椒 3~4 汤勺，豆豉 1 汤匙，小葱，蒜，姜，鸡粉少许，料酒，盐，蒸鱼豉油，植物油（最好是茶油）少许。

做法：

①鱼头收拾干净，从鱼唇正中一分为二，背部相连，均匀地抹上少量盐、料酒，腌 10 min 左右。

②蒜、部分姜切末，部分姜切片，葱切小环状；豆豉泡水稍微清洗后沥干备用，剁椒备用。

③炒锅上火加少量油，爆香姜末、蒜末，加入豆豉，炒香后离火。

④将 3~4 汤匙剁椒拌入其中，再加入少许鸡粉提鲜，全部拌匀。

⑤盘子底部加少许葱段、姜片，放入鱼头，将拌好的剁椒铺在鱼头表面。

⑥蒸锅中加水烧开，放入剁椒鱼头，大火蒸制 10 min。

⑦出锅后撒上葱段、淋上适量蒸鱼豉油，最后烧 1 勺热油浇在上面即可（图 6-1-7）。

图 6-1-7　剁椒鱼头

> **小贴士** ▶ （1）鱼头的蒸制时间要看材料的大小灵活掌握。
>
> （2）剁椒本身已经有咸味，最后又加入了蒸鱼豉油，所以除了开始腌制时的少量盐外，不需要另外加盐。

二、猪肚汤

材料：猪肚适量，排骨适量，番薯粉适量，龙眼 10 粒，红枣 10 颗，姜 2 片，党参 1 条，胡椒粉适量，枸杞少许。

做法：

①用番薯粉揉搓猪肚，用清水反复清洗，直至干净。

②洗完外面要翻面洗，去除里面的膜和油脂，用盐搓洗(可杀菌)，盐不可太多，以免太咸。

③处理干净后要冷水下锅。

④把猪肚煮一下，再用来煲汤。

⑤煮好的猪肚切丝。

⑥加入龙眼 10 粒、红枣 10 颗、姜 2 片、党参 1 条、胡椒粉适量、枸杞少许(快煲好后放入)。

⑦加入排骨。

⑧煲 3 h 左右即可加盐调味(图 6-1-8)。

图 6-1-8 猪肚汤

任务评价

1.根据家人的身体情况制订个性化药膳单，完成一次药膳作品，并拍照分享成果。

2.讨论药膳搭配小技巧。

能力拓展

学习药膳制作小技巧之中医教你制作药膳茶"健脾祛湿"的视频。

项目六　　　　　　　　　　　任务卡 1

班级		姓名	组号	学号	时间
任务				评价方法	视频、照片
任务分工及执行情况					
总结					
心得体会					
自我评价		优秀□　　良好□　　及格□　　不及格□			
同学评价		优秀□　　良好□　　及格□　　不及格□			
教师评价		优秀□　　良好□　　及格□　　不及格□			

任务二 面点的制作

学习目标

1. 掌握面点(馒头、包子、饺子、面包等)制作方法。
2. 树立健康饮食与生活的意识。
3. 树立劳动意识。

学习任务

在熟悉中国饮食文化、了解简单面点的制作方法后,能利用假期在家为家人精心烹制几道美食以抚慰家人心灵。

任务导入

"唯美食与爱不可辜负。"当代社会,随着快餐文化的迅速发展,越来越多的年轻人依赖外卖,养成了不良的饮食习惯,给自己的身心带来不好的影响。其实,掌握一两道美食的制作方法并不难,学会烹饪,既是一种生活方式,也可温暖身边人。让我们行动起来吧!

任务准备

1. 准备厨具、炊具。
2. 准备食材。

知识储备

一、中国面点发展史

(一)原始社会末期

种植五谷,用杵臼(图6-2-1)、石磨盘等工具使谷物破碎并取粉,开辟了从粒食到粉食的新阶段。这一时期出现的面点有"糇""饵""糦""酏食""糁"等。

图 6-2-1　杵臼

(二)秦汉时期

这一时期面点制作开始作坊化、专业化,工艺技术有了提高。

①原料加工方面:已能运用不同规格的粉筛使谷物粉末更加精细、均匀。

②成型方面:有了模具。

③成熟方面:因蒸笼、铛、烤炉的改进,面点成熟方法多样化。

④发酵方法开始普遍使用。

⑤佛教素食点心及民间时令点心兴起(图 6-2-2)。

图 6-2-2　佛教素食点心

(三)唐宋时期

这一时期出现了前店后厂的生产销售模式,各地特色点心云集京城。有了北食店、南食店、川饭店、素菜馆等,出现了早期的面点流派。图 6-2-3 所示为唐朝宫廷点心。

图 6-2-3　唐朝宫廷点心

(四) 元代以后

这一时期少数民族面点发展较快，如蒙古族的肉饼、朝鲜族的打糕、满族的萨其马、藏族的糌粑、白族的米线、回族的清真食品等。

(五) 明清时期

这一时期面点制作技术已经全面发展，民间小吃、点心不断被选入宫中，成为内造宫廷御点，选料及工艺更为优化。

①制法、馅心方面：用澄面制作面点，发酵面、油酥面的制法更趋复杂精细。荤、素、咸、甜类馅心样样俱全。

②成型方面：有擀、切、搓、押、包、捏、卷、模压、刀削等十几种方法。

③成熟方面：除蒸、煮、煎、炸、烤、烙、炒等外，还综合使用两种以上的复加热法。

④各地特色品种很多，中国面点的风味流派基本形成。

⑤中国节日面点品种基本定型。

⑥关于面点的著作更加丰富。

二、中国传统面点分类

①按原料分类，分为麦类制品、米类制品、杂粮制品。

②按形态分类，分为糕、饼、团、包、条、饺、酥饭、粥、羹、冻等。

③按熟制方法分类，分为蒸、煮、煎、炸、烤、烙、综合熟制法等。

④按馅心分类，分为荤馅、素馅、荤素馅。

⑤按口味分类，分为本味、单独味、混合味。

三、中国传统面点的制作流程

图 6-2-4 所示为中国传统面点制作流程图。

配料 —→ 和面 —→ 搓条 —→ 下剂 —→ 制皮 —→ 上馅 —→ 成型 —→ 成熟

图 6-2-4　中国传统面点制作流程图

四、一年四季的膳食特点

1. 春季（春温）膳食特点

春季气温由寒转暖，人应适应季节，调养生气，使机体与外界协调统一。在饮食上应由膏粱厚味转为清温平淡。主食可多选用大米、小米、红小豆等；而牛肉、羊肉、鸡肉等食品不宜过多食用。应多选择各种绿叶蔬菜，以补充维生素。另外，应少吃高脂肪的食物及刺激性强的辛辣食物，更不要喝浓度高的烈性酒。

2. 夏季（夏热）膳食特点

夏季天气炎热，胃纳功能差，加之出汗较多，膳食应清淡可口，并注意补充液体，增进食欲，在饭菜的色、香、味上多下功夫，少吃油腻食物，多选择瘦肉、鱼类、豆类、咸蛋、酸奶等食物，以补充蛋白质；同时可多吃些绿豆、新鲜蔬菜，如茄果类、豆类、瓜类。烹调时以食物不油腻、易消化为原则，多做些凉面、凉菜、粥类、汤类饮食，还可选择一些清热解暑的食品。

3. 秋季（秋凉）膳食特点

秋季天高气爽，由热转凉，宜食生津食品，膳食应有足够热能。秋季人的消化能力逐渐提高，食欲增强，各种动物肉肥味美，蔬菜瓜果种类全。在膳食调配上，只要注意品种的多样化，使各种食物比例适当，就可以了。在调味品上，可适当选用辛辣类，但是，要注意不要吃过于生冷的食物，要注意饮食卫生。

4. 冬季（冬寒）膳食特点

冬季气候寒冷，膳食应有充足的热能，以抵御严寒。冬季是进补的佳季，可多吃些热性食物，如牛肉、羊肉、枣、桂圆、板栗等，还可增加一些厚味食品，但不能过量；否则会使血脂升高和使血液偏于酸性，对身体健康不利。另外，冬季蔬菜品种少，应特别注意吃绿叶蔬菜、豆芽、萝卜等，以补充维生素的不足，调味品可多选用辛辣类。

任务实施

一、辣椒炒肉

材料：猪肉（后臀肉）200 g，红尖椒 20 g，青尖椒 30 g，蒜苗 20 g，食盐 1 小匙，酱油 1 小匙，鸡精少许，料酒 2 小匙，白糖 1/2 小匙，植物油 1 大匙。

做法：

①准备好所需食材。

②把猪后臀肉洗净，除去表皮的残毛，切成薄片，青、红尖椒斜切成圈，蒜苗斜切成片。

③把锅烧热,倒入油,下入猪肉,大火快速炒至肉片出油,呈灯盏窝状。

④下入料酒炒匀。

⑤放入酱油炒匀上色。

⑥放入青、红尖椒炒匀。

⑦放入盐、鸡精、白糖炒匀。

⑧下入蒜苗炒匀即可(图6-2-5)。

图 6-2-5 辣椒炒肉

小贴士▶ ①清洗带皮的猪肉时要将猪皮上的残毛刮洗干净。

②猪后臀肉也可用五花肉来代替。

③肉片要尽量切得薄一些,可将肉放入冰箱中冷冻一会儿至稍硬一些再切,即可切出较薄的肉片了。

④放入蒜苗后翻炒几下就可以了,不要炒得太久,以保持蒜苗的清香。

二、葱油蛋卷

材料:面粉3汤勺,鸡蛋2个,火腿肠1根,色拉油,盐,葱。

做法:

①将火腿肠、葱切成丁备用。

②取3汤勺面粉放到大汤碗里,加入适量的盐和蛋清,充分搅拌。

③把一碗冷水分两次加入面糊中并充分搅拌。

④加入切好的火腿肠和葱丁,搅拌均匀。

⑤把蛋黄打散后在平底锅中煎好,切成条备用。

⑥在平底锅中加入少量油,烧热后改成文火,倒入适量搅拌好的面糊,烤成薄薄的面皮。

⑦把蛋黄条卷在面皮中,用斜切和横切的刀法切好装盘。

⑧用挖球器挖出若干火龙果肉点缀(图6-2-6)。

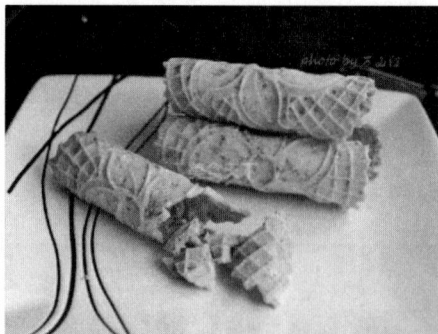

图 6-2-6　葱油蛋卷

三、南瓜饼

材料：南瓜，火腿肠，胡萝卜，面粉，色拉油，盐，鸡精，葱。

做法：

①将南瓜、火腿肠、胡萝卜洗净切成细丝待用，将葱切成葱花。

②色拉油倒入锅中，至七成热后倒入胡萝卜丝，煸几下后再倒入南瓜、火腿肠丝，炒至八成熟后加盐、鸡精继续翻炒，装盘待用。

③把炒熟的馅料拌入面粉中，加适量水和葱花搅拌成糊。

④在平底锅中加适量色拉油，舀一勺面粉糊到油锅中，等底部成型后翻面，用铲子压扁，煎至两面金黄即可装盘(图6-2-7)。

图 6-2-7　南瓜饼

任务评价

1. 完成一道面点的制作并拍照分享成果。

2. 讨论面点制作小技巧。

能力拓展

观看美食制作小技巧之没有芝士的"芝士蛋糕"的视频。

项目六

任务卡 2

班级	姓名	组号	学号	时间

任务		评价方法	视频、照片

任务分工 及执行情况	

总结	

心得体会	

自我评价	优秀□　　　良好□　　　及格□　　　不及格□
同学评价	优秀□　　　良好□　　　及格□　　　不及格□
教师评价	优秀□　　　良好□　　　及格□　　　不及格□

项目七
手工制作

李传泉：匠心筑梦砥砺传承

全国五一劳动奖章的获得者、国家级技能大师工作室领头人、全国技术能手、湖南省劳动模范、中联之星、中联工匠，获国务院政府特殊津贴……众多闪耀的头衔和标签，并未改变中联重科工程起重机公司冷作钣金工李传泉的初心。谈及工匠精神，坚守一线27年的李传泉有着深刻的理解。

工匠精神是一份热爱和执着，只有从心底里热爱自己的工作才会努力去追求完美。李传泉2004年报名参加的长沙市的技术比武，也并没有取得特别理想的成绩。在师傅的鼓励和悉心指导下，李传泉用实际行动诠释了工匠"不疯魔不成活"的境界。每天下班就回家练习，有时为了画出一个复杂的图样，要趴在地板上画至少三四个小时。

"当时我爱人难以理解，说我'走火入魔'，有时候甚至连饭也不吃。但我就是这样，想做一件事就会努力去做，并且一定要做好。"李传泉略带歉意地笑着回忆道。旁边的妻子早已释怀，就连上高中的孩子也时不时插进话来，表达对父亲的崇敬之意。

功夫不负有心人。三年后，2007年长沙市技术比武大赛，李传泉"卷土重来"，一举夺魁。这项荣誉，是对李传泉痴迷技艺钻研和执着本职工作最好的回馈。

从学徒、技工、高级工到技师，由模仿到熟悉，再到适应自身生产需求的创新……李传泉带领着吊臂车间一批年轻的生产工人，依靠自身技术，夜以继日反复试制，一路攻克200吨、350吨、500吨、1000吨起重机国产吊臂生产难关。

2012年，全球最大吨位（2000吨级）全地面汽车起重机正式在车间启动生产，B01吊臂的试制工作焊接质量要求极高。"熬鹰"4个月，终于攻克了这一难关，如期完成了吊臂制作任务，所有焊缝超声波探伤全部达标，一次性合格率达到99.2%。

一把钣金锤，敲出汽车吊结构件的完美弧线，一颗匠人心，确保全地面大长臂的严丝合缝。专业、专注，全身心投入，成为李传泉极致工匠之路的真实写照。

2012年11月，李传泉国家级技能大师工作室由国家人力资源社会保障部授予正式挂牌，开启了中联重科高技能人才队伍建设的新时代。李传泉将手中的技能在一批批工匠中得到传承："今后，机械制造业向智能化升级，一线工人更应该与时俱进，创新成长。"

任务一　手工技艺的分类及特征

任务导入

当代社会中，手工技艺不再只是一种兴趣，而成了一种休闲文化，越来越多的人开始学习手工技艺。学习手工技艺不仅有利于传承工艺文化与工艺精神、培育和弘扬工匠精神，还能满足广大人民群众的审美文化需求，让普通百姓感受独特的思想文化魅力。作为新时代的大学生，我们更应以新的方式弘扬传统工艺包含的思想文化精神，涵养文化生态，滋养当下的文化建设。

任务准备

1. 分享自己收藏的手工作品或图片。
2. 分享自己喜欢的手工艺人的故事。

知识储备

一、手工技艺的分类

我国民间手工技艺有着光彩夺目的成就和显赫的历史地位，在漫长的历史进程中，显示出强大的生命力和绚丽多姿的形态。在21世纪中国向工业化国家迈进的今天，民间手工技艺仍有其广阔的生存空间。

民间手工技艺是物质与精神的统一体，是本土艺术形式与传统工艺相融汇的结晶，是人文内涵丰富的历史印迹。民间手工技艺是存在于最下层的、最广泛的民间艺术和民间文化的一种表现形态，是普通劳动群众在漫长的历史过程和习常的民俗生活中创造、应用并与生活相融的形式。民间手工技艺包括民间绘画、民间雕塑、民间服饰、民间建筑、民间工艺、民间器具等各种技艺手段。各种民俗功能的范畴和形态，大都以一定的民俗生活为基础，不仅与民俗生活相结合，还与其他民间艺术相配合，是同一民俗事象的不同构成。

手工技术里的手工技艺的分类方法不一，大致分类情况如表 7-1-1 所示。

表 7-1-1　手工技艺的分类

从创造和制作方式来看	从民俗形态来看	从材料材质来看	从创作手段和技法来看	从题材内容来看
自娱性的 副业性的 职业性的 作坊性的	生产生活类 节日礼俗类 居住建造类 仪式表演类	土木泥石类 木棉麻锦类 纸皮铁铜类 丝陶瓷玉类	雕塑雕刻类 画绘剪镂类 印染织绣类 建筑制作类 工艺器具类	民间神祇类 吉祥物类 年画风筝类 家具用具类 服饰民居类 木偶皮影类 游戏游艺类

二、手工技艺的特点

中华民族世代生息的土地之辽阔，山川地貌之多姿，地理资源之丰富，经济生产生活方式之多样而稳定，使中国民间手工技艺无比灿烂，无以计数。它在我国劳动人民社会生活中发生、发展，流传了几千年；它存在于劳动群众生活的衣、食、住、行、用各方面，其品种浩繁、寓意深刻、内涵深厚，是我国传统文化精髓之一。

中国传统手工技艺有很多，比如木刻工艺、桦皮工艺、漆器工艺、兽皮工艺、砚石工艺、竹编工艺。它们的特点是和谐性、象征性、灵动性、天趣性、工巧性。

(一) 和谐性

中国传统艺术思想重视人与物、用与美、文与质、形与神、心与手、材与艺等因素相互间的关系，主张"和"与"宜"。对"和""宜"之理想境界的追求，使中国工艺美术呈现出高度的和谐性。

(二) 象征性

中国工艺思想历来重视造物在伦理道德上的感化作用，它强调物用的感官愉快与审美情感满足的联系，而且同时要求这种联系符合伦理道德规范。受制于强烈的伦理意识，中国传统工艺造物通常含有特定的寓意，往往借助造型、体量、尺度、色彩或纹饰象征性地喻示伦理道德观念。

（三）灵动性

中国传统工艺思想主张心、物的统一，要求"得心应手""质则人身，文象阴阳"，使主体人的"生命性灵"在造物上获得充分体现。中国传统工艺造物一直在造型和装饰上保持着"S"形的结构范式，这种结构范式富有生命的韵律和循环不息的运动感，使中国工艺造物在规范严整中又显变化活跃、疏朗空灵。

（四）天趣性

中国传统工艺思想重视工艺材料的自然品质，主张"理材""因材施艺"，要求"相物而赋形，范质而施采"。中国传统工艺美术在造型或装饰上总是尊重材料的自然特性，充分利用或显露材料的"天生丽质"。

（五）工巧性

对工艺加工技术的讲究和重视是中国工艺美术的一贯传统。丰富的造物实践使工匠注意到工巧所产生的审美效应，并有意识地在两种不同的趣味旨向上追求工巧的审美理想境界：去刻意雕琢之迹的浑然天成之工巧性和尽情微穷奇绝之雕镂画绩的工巧性。

三、我国代表性传统手工技艺

中国传统手工艺门类繁多，精巧美观，历史悠久而灿烂，蕴含着丰富的民族文化价值、思想智慧和实践经验，在整个中国文化艺术的发展过程中占有重要的历史地位，是中华民族宝贵的财富。

（一）陶瓷工艺

陶瓷，是陶器与瓷器的统称，也是我国的一种工艺美术品，其以陶土和瓷土为原料，经配料、成型等流程制成。我国传统的陶瓷工艺美术品，质高形美，具有高度的艺术价值，闻名于世。

（二）刺绣工艺

刺绣，古代称为针绣，是用绣针引彩线，将设计的花纹在纺织品上刺绣运针，以绣迹构成花纹图案的一种工艺。刺绣是中国民间传统手工艺之一，在中国至少有两三千年历史。刺绣在国外也享有很高的声誉。在外国人眼里，刺绣是中国文化艺术的代表之一。

（三）中国结

中国结是中国特有的手工编织工艺品，它所显示的精致与智慧是中华古老文明中的一个侧面。它是由旧石器时代的缝衣打结，后推展至汉朝的仪礼记事，再演变成今日的装饰手艺。中国结代表团结、幸福、平安，特别是在民间，它精致的做工深受大众的喜爱。

（四）玉雕工艺

玉雕是中国最古老的雕刻品种之一。玉石经加工雕琢成为精美的工艺品——玉雕。

玉雕工艺是一门相对复杂的手工技艺。工艺师在制作过程中，根据不同玉料的天然颜色和自然形状，经过精心设计、反复琢磨，才能把玉石雕制成精美的工艺品。中国的玉雕作品在世界上享有很高的声誉。

（五）木雕工艺

木雕是雕塑的一种，在我们国家常常被称为"民间工艺"。中国的木雕艺术起源于新石器时期。距今7000多年的浙江余姚河姆渡文化，已出现木雕鱼；到了唐代，木雕工艺更是达到了发展的巅峰。

（六）琉璃制作工艺

琉璃，其色彩流云漓彩，品质晶莹剔透、光彩夺目。中国古代最初制作琉璃的材料，是从青铜器铸造时产生的副产品中获得的，经过提炼加工后制成琉璃。琉璃在古时候属于皇室专用，民间流传的琉璃制造技法非常少，所以当时人们把琉璃甚至看得比玉器还要珍贵。

（七）景泰蓝

景泰蓝又称"铜胎掐丝珐琅"，是我国著名的传统工艺，因其在明朝景泰年间盛行，制作技艺比较成熟，使用的珐琅釉多以蓝色为主，故而得名"景泰蓝"。它的制作工艺精细复杂，需要经过设计、制胎、掐丝、点蓝、烧蓝、磨活、镀金等10余道工序才能完成。景泰蓝是我国最传统的出口工艺品之一。

（八）剪纸工艺

中国剪纸是一种用剪刀或刻刀在纸上剪刻花纹，用于装点生活或配合其他民俗活动的民间艺术。中国最早的剪纸作品是北朝时期的五幅团花剪纸。到了唐代，剪纸处于大发展时期；南宋时期更是出现了以剪纸为职业的行业艺人。它充实于各种民俗活动中，是中国民间历史文化内涵最为丰富的艺术形态之一。

（九）髹漆工艺

髹漆，谓以漆涂物。现知最早的漆器是河姆渡遗址中发现的木胎朱漆碗。髹漆工艺是中国人发明的，是漆器制作的主要工序，具有多元性。从涂漆到彩绘，从粘贴到镶嵌，从针刻文字到款彩，从堆漆到雕漆，皆为器物髹漆技法。我国髹漆工艺经过几千年的发展，对全世界的漆器工艺都产生了影响。

（十）竹编工艺

传统竹编工艺有着悠久的历史，凝聚着中华民族劳动人民辛勤劳作的结晶。竹编最早出现在新石器时期，那时人们为了将剩余的食物存放起来，就将植物的枝条编成篮、筐等器皿；到了明清时期，竹编工艺得到了全面发展。如今，竹编不仅具有实用价值，还富有很强的观赏性。

任务实施

窗花剪纸

剪纸艺术是中国流传很广的装饰手工，是民间艺术中的瑰宝。中国老百姓在新年或者结婚等各种喜庆的日子里，将各种美观、寓意不同的窗花剪纸粘贴到窗户、墙壁上，以表达对生活的美好愿望。下面我们来完成一个简单的窗花剪纸作品，步骤如下：

①准备一张正方形红纸。

②对折后再对折。

③第三次对折。

④第四次对折。

⑤用笔画出要剪的形状，用剪刀沿着画出来的图形剪即可完成。

将剪好的窗花打开，效果如图7-1-1所示，好似鲜花怒放。

这样简单而又漂亮的窗花，你心动了吗？赶紧行动起来吧！

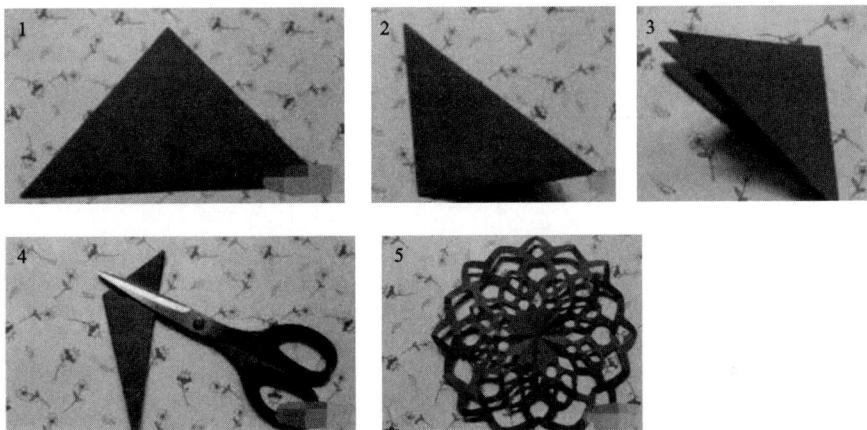

图 7-1-1　剪窗花

任务评价

1. 学习并了解中国传统手工技艺的分类及特征，在课上分享心得体会。

2. 讨论手工技艺作品制作小技巧。

能力拓展

观看剪纸小技巧之非遗剪纸喜字"一心一意"的剪法的视频。

项目七　　　　　　　　　　　**任务卡 1**

班级	姓名		组号	学号	时间
任务				评价 方法	视频、照片
任务分工 及执行情况					
总结					
心得体会					
自我评价	优秀□　　　良好□　　　及格□　　　不及格□				
同学评价	优秀□　　　良好□　　　及格□　　　不及格□				
教师评价	优秀□　　　良好□　　　及格□　　　不及格□				

任务二　典型手工技艺作品制作

1. 熟悉民间刺绣、陶瓷的制作过程。
2. 了解手工陶艺的制作方法。
3. 掌握日常编织的技巧。
4. 能够制作常见手工技艺作品。
5. 树立劳动创造美的意识。

学习任务

在掌握中国传统手工技艺的分类及特征后，进行劳动实践，选择自己喜好的手工技艺进行创作，能制作出一份完整的手工作品。

任务导入

在古代社会，手工技艺是人们衣、食、住、行等必备的技能，是一种重要的生产力。在现代社会，随着社会的发展、人们知识的不断深入和丰富，现代化技术和工业化生产方式带来的高生产效率使得低效的传统手工技艺一度失去了原有的生产意义。手工技艺鲜明的文化特质与审美情趣赋予其独特的存在意义，因而世界各国已经逐渐加大对自己本国的非物质文化遗产的保护，手工技艺的制作就是其中之一。在中国，我们呼吁社会传承的工匠精神就是来源于手工技艺行业，指的是手工技艺匠人在工作过程中对技术精益求精，对工作要求很高，在手工技艺上不断取得进步。学习并掌握一门手工技艺，既可以培养动手动脑能力，也有益于传统文化的传承。

任务准备

1. 准备手工制作原材料。
2. 准备手工作品样品。

知 识 窗

中国特色剪纸

知 识 储 备

一、刺绣工艺

(一)刺绣工艺简介

刺绣是中国古老的手工技艺之一。中国的手工刺绣工艺,已经有 2000 多年历史。

刺绣的工艺要求"顺、齐、平、匀、洁"。顺是指直线挺直,曲线圆顺;齐是指针迹整齐,边缘无参差现象;平是指手势准确,绣面平服,丝缕不歪斜;匀是指针距一致,不露底,不重叠;洁是指绣面光洁,无墨迹等污渍。

(二)刺绣工艺发展史

中国刺绣的起源很早。相传"舜令禹刺五彩绣",刺绣在夏、商、周三代和秦汉时期得到发展。早期的刺绣遗物显示:刺绣在周代尚属简单粗糙,战国渐趋工致精美。湖北一号战国楚墓出土的绣品,有对凤纹绣、对龙纹绣、飞凤纹绣、龙凤虎纹绣单衣(图 7-2-1)等,这标志着此时的刺绣工艺已发展到成熟阶段。这些绣品在图案的结构上非常严谨,有明确的几何布局,大量运用了花草纹、鸟纹、龙纹、兽纹,并且浪漫地将动、植物形象结合在一起,手法上写实与抽象并用,穿插蟠叠,刺绣形象细长清晰,留白较多,体现了春秋战国时期刺绣纹样的重要特征。

汉代时,刺绣作品(图 7-2-2)开始展露艺术之美。因为经济繁荣,百业兴盛,丝织业尤为发达;又因当时社会富豪崛起,形成新消费阶层,刺绣供需应

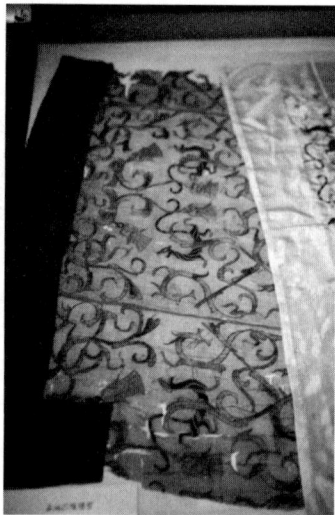

图 7-2-1 龙凤虎纹绣单衣

运而兴。刺绣不仅成为民间流行的服饰元素,而且手工刺绣制作迈向专业化,技艺突飞猛进。从出土实物看,汉代刺绣绣工精巧,图案多样,呈现繁美缛丽的景象。

图 7-2-2 汉代刺绣作品

唐代刺绣应用很广,针法也有新的发展。刺绣一般用作服饰用品的装饰,做工精巧,色彩华美(图 7-2-3),在唐代的文献和诗文中都有所反映。如李白的诗句"翡翠黄金缕,绣成歌舞衣"、白居易的诗句"红楼富家女,金缕绣罗襦"等,都是对刺绣的咏颂。唐代的刺绣除了作为服饰用品装饰外,还用于绣佛经和佛像,为宗教服务。唐代刺绣的针法,除了运用战国以来传统的辫绣外,还采用了平绣、打点绣、纭裥绣等多种针法。纭裥绣又称退晕绣,即现代所称的戗针绣。它可以表现出具有深浅变化的不同的色阶,使刺绣的对象色彩富丽堂皇,具有很好的装饰效果。

宋代是中国手工刺绣的巅峰时期,无论是产品的质还是量,均属空前,特别是在开创纯审美的艺术绣方面。宋代手工刺绣发达,是由于当时朝廷奖励提倡。据《宋史·职官志》载,"宫中文绣院掌纂绣"。徽宗年间又设绣画专科,使绣画分为山水、楼阁、人物、花鸟四类,因而名绣工辈出,使绣画发展进入巅峰时期,并由实用转为艺术欣赏,将书画带入手工刺绣之中,形成独特的观赏性绣作。朝廷的提倡,使原有的手工刺绣工艺在如下几个方面有了显著的提高:①"平针绣"富变化,出现许多新针法;②改良工具和材料,使用精制钢针和发细丝线;③结合书画艺术,以名人作品为题材,追求绣画趣致和境界。为使作品达到书画之传神意境,绣前需先有计划,绣时需度其形势,乃趋于精巧。构图必须简单化,纹样的取舍留白非常重要,这与唐代无论有无图案均满地施绣截然不同(图 7-2-4)。

图 7-2-3 唐代《簪花仕女图》中的刺绣

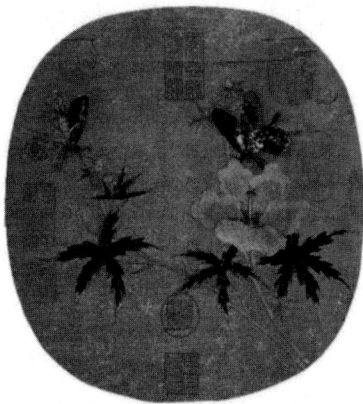

图 7-2-4 宋代刺绣作品

元代刺绣的观赏性虽远不及宋代，但继承了宋代写实的绣理风格。与其他朝代不同的是，元世祖忽必烈为了否定儒家的独尊地位，推崇藏传佛教，因此元代刺绣除了作一般的服饰点缀外，更多的则带有浓厚的宗教色彩，被用于制作佛像、经卷、幡幢、僧帽。其以西藏布达拉宫保存的元代刺绣《密集金刚像》为代表（图7-2-5），具有强烈的装饰风格。

明代是中国手工艺极度发达的时代，承继宋代优良刺绣的基础，顺应时代风气，继续蓬勃发展，且更上一层楼（图7-2-6）。

图7-2-5　元代刺绣作品《密集金刚像》

图7-2-6　明代刺绣作品

明代刺绣工艺也表现了多项特色：

①用途方面：广泛流行于社会各阶层，与后来的清代，共同成为中国历史上刺绣流行风气最盛的时期。

②绣艺方面：一般为实用绣作，它们的品质普遍提高，材料改进精良，技术娴熟，且趋向于与宋代作品不同的繁缛华丽的风尚；艺术绣作，在承袭宋绣优秀传统的基础上，推陈出新，特别是明代已经出现以刺绣为专业的鸣世家族和个人，如有名的露香园绣，为松江府上海县（今上海）顾家所创，发明绘画刺绣结合的"绣画"作品风靡至清朝而不歇；这种刺绣家纷然崛起、广受社会推崇的风气，也以明末清初最盛。

③衍生其他绣类方面：刺绣原本仅以丝线为材料，明代开始有人尝试利用别的素材，于是出现了透绣、发绣、纸绣、贴绒绣、戳纱绣、平金绣等，大大扩展了刺绣艺术的范畴。

清代初、中时期，国家繁荣，百姓生活安定，刺绣工艺得到了进一步的发展和提高，所绣作品变化较大，具有很高的写实性和装饰效果；又由于它用色和谐和喜用金针及垫绣技法，故使绣品纹饰具有题材广泛、造型生动、形象传神、独具异彩、秀丽典雅、沉稳庄重的艺术效果，折射出设计者及使用者的巧思和品位，体现了清代刺绣所具有的丰富内涵和艺术价值。

清代刺绣，另有两个突出成就：

①地方性绣派如雨后春笋般兴起，著名的除四大名绣——苏绣、粤绣、蜀绣、湘绣，还有陇绣、汴绣、京绣、鲁绣等，各具特色，形成争奇斗艳的局面。

②晚清吸收日本绘画长处，甚至融合西方绘画观点入绣。江苏吴县（今苏州）沈寿首

创的"仿真绣",为传统刺绣注入新鲜血液和带来新的面目(图7-2-7)。

图7-2-7 清代仿真绣

(三)刺绣流派

1.苏绣

苏绣已有2000多年历史,在宋代已具相当规模,当时在苏州就出现了绣衣坊、绣花弄、滚绣坊、绣线巷等生产集中的坊巷。明代苏绣已逐步形成自己独特的风格,影响较广。清代为兴盛期,当时的皇室绣品多出自苏绣艺人之手;民间刺绣更是丰富多彩。清末时沈寿首创"仿真绣",饮誉中外,她曾先后在苏州、北京、天津、南通等地收徒传艺,培养了一代接班人。20世纪30年代,杨守玉创造乱针绣,丰富了苏绣针法。

苏州刺绣,素以精细、雅洁著称(图7-2-8)。苏绣作品图案秀丽,色泽文静,针法灵活,绣工细致,形象传神。技巧特点可概括为"平、光、齐、匀、和、顺、细、密"八个字。针法有几十种,常用的有齐针、抢针、套针、网绣、纱绣等。绣品分两大类:一类是实用品,有被面、枕套、绣衣、戏衣、台毯、靠垫等;一类是欣赏品,有台屏、挂轴、屏风等。其取材广泛,有花卉、动物、人物、山水、书法等。双面绣《金鱼》《小猫》是苏绣的代表作。

图7-2-8 苏绣作品"清雅玉兰"

此外,苏州发绣也是一件艺术瑰宝。发绣是中国传统工艺中一颗古老而耀眼的明珠。据史料记载,在唐代就已开始流传,与丝绣相比,它有着清秀淡雅、线条明快、清隽劲拔、耐磨耐蚀、永不褪色、富有弹性、利于收藏等特点。近年来,发绣在收藏界的价格一直不断攀升。2012年,苏州发绣技艺申报苏州市"非遗"成功。

2.湘绣

湘绣指的是以湖南长沙为中心的刺绣工艺,是在湖南民间刺绣的基础上,吸取了苏绣和粤绣的优点而发展起来的。清代嘉庆年间,长沙县就有很多女性从事刺绣工作;光绪二十四年(1898),优秀绣工胡莲仙的儿子吴汉臣、吴勋臣,在长沙开设第一家自绣自销的"吴彩霞绣坊",其作品精良,流传各地,湘绣从而闻名全国。

清光绪年间,湖南长沙宁乡的杨世焯倡导湖南民间刺绣,长期深入绣坊,绘制绣稿,还创造了多种针法,提高了湘绣艺术水平。早期湘绣以绣制日用装饰品为主,以后逐渐增加绣制绘画性题材的作品。湘绣的特点是用丝绒线绣花,劈丝细致,绣件绒面花型具有真实感。其常以中国画为蓝本,色彩丰富鲜艳,十分强调颜色的阴阳浓淡,形态生动逼真,风格豪放,曾有"绣花能生香,绣鸟能听声,绣虎能奔跑,绣人能传神"的美誉。湘绣以特殊的鬅毛针绣出的狮、虎等动物,毛丝有力、威武雄健。1982年,在全国工艺美术品百花奖评比中,湘绣荣获金杯奖(图7-2-9)。

3.粤绣

粤绣,亦称"广绣",泛指广东近两三个世纪的刺绣工艺。粤绣历史悠久,相传最初创始于少数民族,与黎族所制织锦同出一源(图7-2-10)。清初屈大均《广东新语》、朱启钤《存素堂丝绣录》都描述:远在明代,粤绣就用孔雀羽编线为绣,使绣品金翠夺目,又用马尾毛缠绒作勒线,使粤绣勾勒技法有更好的表现,"铺针细于毫芒,下笔不忘规矩……轮廓花纹,自然工整"。至清代,粤绣得到了更大的发展。粤绣作品在国内以故宫收藏最多且具代表性。粤绣构图繁而不乱,色彩富丽夺目,针步均匀,针法多变,纹理分明,善留水路。

图7-2-9 湘绣作品

图7-2-10 粤绣作品

粤绣品类繁多,欣赏品主要有条幅、挂屏、台屏等;实用品有被面、枕套、床楣、披巾、头巾、台帷和绣服等。其一般多作写生花鸟,富于装饰性,常以凤凰、牡丹、松鹤、猿、鹿、鸡以及鹅等为题材,混合组成画面。妇女的衣袖、裙面,则多作满地折枝花,铺绒极薄,平贴绸面。其配色选用反差强烈的色线,常用红、绿相间,华丽炫目,宜于渲染欢乐热闹气氛。18世纪出现的纳丝绣,其底层多用羊皮金(广东称"皮金绣")作衬,金光闪烁,格外精美。1982年粤绣以《晨曦》《百鸟朝凤》等作品,荣获全国工艺美术品百花奖金杯奖。

4.蜀绣

蜀绣,又名"川绣",是以四川成都为中心的刺绣工艺的总称,历史悠久(图7-2-11)。据晋代常璩《华阳国志》载,当时蜀中刺绣已很著名,同蜀锦齐名,均被誉为蜀中之宝。清代道光时期,蜀绣已形成专业生产线,成都市内发展有很多绣花铺,既绣又卖。蜀绣以软缎和

图7-2-11 蜀绣作品

彩丝为主要原料，题材内容有山水、人物、花鸟、虫鱼等；针法经初步整理，有套针、晕针、斜滚针、旋流针、参针、棚参针、编织针等 100 多种；品种有被面、枕套、绣衣、鞋面等日用品和台屏、挂屏等欣赏品。其中以绣制龙凤软缎被面和传统产品《芙蓉鲤鱼》最为著名。蜀绣的特点：形象生动，色彩鲜艳，富有立体感，短针细密，针脚平齐，片线光亮，变化丰富，具有浓厚的地方特色。1982 年，蜀绣荣获全国工艺美术品百花奖银杯奖。

二、陶瓷的发展历史

陶瓷的发明是人类文明的重要进程，是人类利用天然物，按照自己的意志创作出来的一种崭新的东西。

在 4000 多年之前，农业生产的发展不断进步，私有制开始萌芽，原始氏族部落的社会形式已不能适应新的发展要求。

夏、商、周三代的陶瓷品种，大致可分为灰陶、白陶、印纹陶、红陶、原始陶等（图 7-2-12）。

陶器　　　　　　　原始陶　　　　　　　瓷器

图 7-2-12　各类陶瓷

通过长期烧造白陶和印纹陶的实践，不断改进原材料的选择与加工，原始瓷器于商代中期出现，到西周、春秋、战国时期开始兴盛。胎质烧结程度的提高和器表施釉的运用，使原始瓷器不吸水而且更加美观。原始瓷器一般在施釉前于坯体上拍制几何图案，釉色多呈现青绿、青黄色。

（一）由陶到瓷

在中国的陶瓷发展史上，先有陶后有瓷，瓷器由陶器脱胎而来。我国古代的制陶业有辉煌、独特的成就。黄河流域和长江流域众多的新石器时代遗址中出土了大量的陶器和陶器碎片。其中有许多已不仅仅是生活日用品，而是具有明显艺术倾向的陶制艺术品，如代表制陶业突出成就的彩陶和陶塑。随着制陶业的发展，制陶技术从泥条盘筑进步到轮盘拉坯，结构简单的横穴窑与竖穴窑已取代了落后的平地起烧，对窑的温度、气温的控制已有了一定经验。当时最高的烧成温度已经达 1100℃，已接近陶与瓷的"临界"温度。殷商时代早期，即已出现了以瓷土为胎料的白陶器和烧成温度达 1200℃的印纹硬陶，开始了由陶向瓷的过渡。

（二）由原始青瓷到青瓷

原始青瓷不同于陶之处，在于原始青瓷比陶器质地坚硬、耐用，且器表施釉，敲击声清脆悦耳。但原始青瓷的原料处理和坯泥炼制还比较粗糙，没有经过精细的过滤、淘洗、捏练、陈腐等工艺过程，因此胎料可塑性较小，造型比较单调；胎料中杂质较多，胎体会产生裂纹；釉色不稳，薄厚不均，且有露胎流釉现象。早期青瓷发展到东汉时期，成型采用快轮拉坯成器身，再黏接器底而成，器型规整，器表光滑，釉层增厚，胎釉结合大为改进，脱釉现象很少发生。这些迹象表明，原始青瓷开始摆脱原始状态，而迈入成熟的青瓷阶段。

(三)六大瓷系，五大名窑

宋朝是中国封建社会继汉、唐之后的第三个繁荣时期，科技、文学、艺术和手工业高度发达，陶瓷业蓬勃发展，瓷窑遍布全国各地，瓷器地方风格浓郁，可以概括为"六大窑系"和"五大名窑"。"六大窑系"是指北方的定窑系、钧窑系、耀州窑系、磁州窑系和南方的龙泉窑系、景德镇窑系。"五大名窑"即官窑、汝窑、哥窑、定窑、钧窑(图7-2-13)。两宋时期官窑制度基本确立，官窑的瓷器形成了不同于民窑器物的艺术风格。瓷都景德镇在元朝时崛起，并以青花瓷、釉里红瓷和卵白釉枢府瓷驰名天下。

| 汝窑瓷 | 哥窑瓷 | 官窑瓷 | 定窑瓷 |

图7-2-13　汝窑、哥窑、官窑、定窑成品

(四)彩瓷

中国陶瓷艺术经过几千年的发展，到明清时期呈现出灿烂辉煌的景象，各类陶瓷艺术品璀璨生辉。以青花瓷为代表的彩瓷逐渐兴盛：五彩、斗彩、素三彩、釉下三彩、珐琅彩、粉彩等(图7-2-14)。明清彩瓷集陶瓷艺术之大成，极富艺术魅力。颜色釉瓷的烧造进入炉火纯青的境界。单色釉品种不断创新：雾蓝釉、祭红釉、郎窑红釉、豇豆红釉、黄釉、孔雀绿釉等。制瓷技术也有新的突破。陶车旋刀取代了竹刀旋坯，并开始运用吹釉技术，瓷器的质量与数量由此迅猛提升。明清时期的制瓷业，是中国瓷器发展史上的顶峰，对今日中国瓷业有着重大影响。

图7-2-14　彩瓷

由于时代和地区不同，陶瓷器在胎釉成分和烧造方法上也或多或少有着比较明显的差别。因此在鉴别一件陶瓷器时决不能离开这方面的细致观察。观察古瓷的釉质，一般要注意其釉质的粗细、光泽的新旧以及气泡的大小、疏密等几方面的特征。

(五) 中国近代的陶瓷

鸦片战争以后，中国沦为半殖民地半封建社会，中国的民族工业受到了严重摧残，千载名窑也停滞不前并趋向衰落。陶瓷生产水平继续下滑，生产规模也日趋萎缩，制造工艺上仍沿行旧法。但中国毕竟有着悠久的制瓷传统，广大瓷工身怀绝技，在极其艰难的情况下，奋力发展以手工技艺为特色的仿古瓷（图 7-2-15）、美术瓷，坚持与外国机器制造的日用瓷相抗争，保持了中国瓷器在国际上的美誉，于衰落中显示了振兴陶瓷的潜力。

图 7-2-15 仿古瓷

三、中国结

(一) 中国结简介

中国结是中国特有的民间手工编结装饰品，始于上古先民的结绳记事（图 7-2-16）。据《周易·系辞》载："上古结绳而治，后世圣人易之以书契。"东汉郑玄在《周易注》中道："结绳为约，事大，大结其绳；事小，小结其绳。"结绳作为一种装饰艺术始于唐宋时期。到了明清时期，人们开始给结命名，为它赋予了丰富的内涵，如如意结代表吉祥如意，双鱼结代表吉庆有余等。中国结其实是一种古老的编织艺术，一根根五彩的丝线悬垂在居室四周，古朴而风情流转。有着自然浓郁的生活气息以及寓意吉祥的漂亮的中国结，既为

图 7-2-16 中国结

主人祈求来年的平安富贵，也体现着主人不同的个性与审美。别轻看这小小的中国结，它可是近年来国际时尚潮流的重要元素，已发展成多种产品，其中主要有两大系列：吉祥挂饰和编结服饰。每个系列又包括多个品种，如吉祥挂饰有大型壁挂、室内挂件、汽车挂件等，编结服饰有戒指、耳坠、手链、项链、腰带、古典盘扣等。

(二) 中国结发展史

中国结由旧石器时代的缝衣打结推展至汉朝的仪礼记事，再演变成今日的装饰艺术。周朝人随身佩戴的玉常以中国结为装饰，而战国时代的铜器上也有中国结的图案，延续至清朝，中国结真正成为流传于民间的艺术。当代它多用来室内装饰、作为亲友间的馈赠礼物及个人的随身饰物。因为其外观对称精致，可以代表中华民族悠久的历史，符合中国传

统装饰的习俗和审美，故命名为中国结。

宋代词人张先写过"心似双丝网，中有千千结"，形容失恋后的女孩思念故人、心事纠结的状态。在古典文学中，"结"一直象征着青年男女的缠绵情思。人类的情感有多么丰富多彩，"结"就有多么千变万化。

"结"在漫长的演变过程中，被多愁善感的人们赋予了各种情感愿望，托结寓意。在汉语中，许多具有向心性聚体的要事几乎都用"结"字作喻，如结义、结社、结拜等。而男女之间的婚姻大事，也均以"结"表达，如结亲、结发、结婚等。结是事物的开始，有始就有终，于是便有了"结果""结局""结束"。结饰已被民间公认为表达情感的定情之物，"同心结"自古以来就是男女间表示海誓山盟的爱情信物。而"结发夫妻"也源于古人洞房花烛之夜，男女双方各取一撮长发相结以誓爱情永恒的行为。有诗云"交丝结龙凤，镂彩织云霞。一寸同心缕，千年长命花"，就是对其生动的描写。

(三)中国结特点

中国结的特点：每一个结从头到尾用一根线编结而成，每个基本结又根据其形、意命名。把不同的结饰结合在一起，或用其他有吉祥图案的饰物搭配组合，就形成了造型独特、绚丽多彩、内涵丰富的中国传统吉祥饰物。

(四)中国结种类及寓意

①方胜结：一路平安。　　　　⑩双线结：财源亨通。

②双蝶结：比翼双飞。　　　　⑪双鱼结：吉庆有余。

③如意结：吉祥如意。　　　　⑫盘长结：长命百岁。

④团锦结：前程似锦。　　　　⑬平安结：如意平安。

⑤祥云结：祥云绵绵。　　　　⑭同心结：永结同心。

⑥双喜结：双喜临门。　　　　⑮双联结：双双成对。

⑦桂花结：富贵无疆。　　　　⑯鲤鱼结：吉庆有余。

⑧团圆结：团圆美满。　　　　⑰繁翼磐结：磐石如山。

⑨双全结：儿女双全。

四、剪纸艺术

(一)剪纸简介

民间剪纸善于把多种物象组合，并构建出理想中的美好意象。无论用一个还是多个形象组合，皆是"以象寓意""以意构象"来造型，而不是根据客观的自然形态来造型。同时，它又善于用比兴的手法创造出多种吉祥物，把约定俗成的形象组合起来表达自己的心理。追求吉祥的寓意成为意象组合的最终目的之一。

2006年5月20日，剪纸艺术经国务院批准列入(第一批)国家级非物质文化遗产名录。民间剪纸能够得以长久广泛地流传，纳福迎祥的表现功能是其主要原因。地域的封闭和文化的局限，激发了人们对美满幸福生活的渴求。人们祈求丰衣足食、人丁兴旺、健康长寿、万事如意，便借托剪纸传达。比如民间剪纸《鹿鹤同春》是民间传统的主题纹样。鹤即"玄鸟"，玄鸟是"候鸟"的总称。在民间文化中鹿称为"候兽"，鹤称为"候鸟"，鹿鹤同春是春天和生命的象征。民间"鹿"与"禄"同音，"鹤"又被视为长寿的大鸟，因此鹿与鹤在一起又有"福禄长寿"之意。民间剪纸以各种形式表达出对生命的渴望，守护生命，颂扬生命，表现生的欢乐。对生命的崇拜成为人们虔诚的信仰。

（二）剪纸流派

剪纸流派根据地域区别分为两派，即北方派和南方派。

北方派，代表为山西剪纸、陕西民间剪纸和山东民间剪纸。在陕西剪纸艺术中，首推陕北民间剪纸。陕西从南到北，特别是黄土高原，八百里秦川，到处都能见到红红绿绿的剪纸(图7-2-17)。其造型古拙，风格粗犷，寓意有趣，形式多样，技艺精湛。剪纸在陕西以及全国的民间美术中占有很重要的位置，专家们称之为"活化石"。因为它们较完整地传承了中华民族古老的造型纹样，如鱼身人面，狮身人首，以及与周文化相似的"抓娃娃"，与汉画像相似的"牛耕图"等。这一地区由于近百年来交通闭塞，地处偏僻，外来文化较难传入，古代的文化、艺术被当地人民承袭下来，代代相传。

南方派，代表为"江浙派"（江苏、浙江）、广东佛山剪纸、武汉民间剪纸和福建民间剪纸。扬州是我国剪纸流行最早的地区之一，其剪纸艺术历史悠久。浙江剪纸造型讲究大的影像轮廓，而影像之中剪出细细的阴线。阴线的恰到好处，能使形象结构与画面的节奏都增添成色。

佛山剪纸(图7-2-18)历史悠久，源于宋代，盛于明清时期。从明代起，佛山剪纸已大量生产，产品销往省内及中南、西南各省，并远销国外。福建的南平、华安等地以刻画山禽家畜的作品为主，表现风格较为粗壮有力、淳厚朴实；沿海的闽南、漳浦一带则屡见水产动物入画，风格细致、造型生动；莆田、仙游一带以礼品花为主，倾向于华丽纤巧的意味。

图7-2-17　陕西剪纸

图7-2-18　佛山剪纸

五、折纸艺术

（一）折纸简介

折纸是一种以纸张折成各种不同形状的艺术活动。折纸只需要折叠几次就可以组合

出复杂精细的作品。一般而言，折纸设计由
正方形的纸张折成，有时会配搭不同颜色，而
剪纸通常是不需要的。在大部分的折纸比赛
中，要求参赛者以一张无损伤的完整正方形
纸张折出作品(图7-2-19)。

(二)折纸历史

折纸源自中国，但是人们普遍认为折纸
是在日本才得到真正的发展。日本的传统折
纸见于江户时代(1603—1867)。欧洲也有自

图 7-2-19　纸币桃心折纸

成一体的折纸艺术。19世纪，西方人开始将折纸与自然科学结合起来。折纸不仅成为建
筑学院的教具，还发展为现代几何学的一个分支。在中国古代，折纸主要是孩子用作消遣
的一门传统艺术，后来经日本折纸家吉泽章加以改良，使之复兴。他提出了湿折法，并与
美国人 Sam Randlett 发明了吉泽章-兰德列特系统(图解折纸术语)。自20世纪60年代起，
折纸艺术开始发扬光大。从组合式折纸开始，之后发展出各式各样的折纸思想派别，如切
边折纸、纯粹主义折纸和净土折纸等。

毫无疑问的是，折纸诞生在中国这片土地上。大约在西汉中期，中国人造出了最早的
真正意义上的纸。由于早期的纸质量不高，而且产量很低，显然不适合用于折叠。文献和
出土文物始终没有关于折纸的记载，所以折纸到底起源于何时已经不可考。这也成了今天
许多日本人认为折纸起源于日本的间接证据。日本最早出现纸是隋炀帝大业六年(公元
610)，多才多艺的昙征把造纸术传到了日本。

最初，折纸在日本是用于祭祀，造纸普及化后才盛行于民间。而大约于19世纪初，日
本才正式出现了第一本有文字记载及以图示方式教导的折纸图书。日本人一向把折纸视
为他们的国粹之一，更作为日本小学的必修科目。他们认为除了可保存固有的文化外，通
过折纸可启发儿童的创造力和逻辑思维，更可促进其手、脑的协调(图7-2-20)。

在日本，折纸技术的起飞始于19世纪末。但真正的突破来自一个名叫吉泽章的日本
人(他亦被公认为现代折纸之父)。他自20世纪30年代起便不断创作折纸，并将折纸技术
提升至一个新的层面。他的作品在西方展出后，引起了广泛的、热烈的回应，因而激发了
一批来自西方的热心人士投身于折纸的创作及研究之中(图7-2-21)。

图 7-2-20　日本折纸作品

图 7-2-21　吉泽章熊猫折纸作品

过去的几十年，在新一代折纸家的不懈努力下，现代折纸技术已发展至一个前所未有的境界，甚至可以说是超越一般人所能想象的地步。因为很难想象那些极其复杂而又栩栩如生的折纸作品是由一张完全未经剪接的正方形纸所折出来的，因此，现代折纸已经不再只是儿童的玩意，而是一种既富挑战性又能启发思维、有益身心的活动。

(三)折纸材料

虽然差不多所有薄片状材料都可以折叠，但材料的选用会直接影响折叠的效果，以至于影响模型最终的外形。

标准影印纸($70\sim90$ g/m^2)适用于简单的折叠，例如鹤和水弹。较重的纸(100 g/m^{2}及以上)适用于湿折。湿折法可使模型呈现较立体的造型，因为湿水部分干后较坚固。

特别的折纸用纸(英语称作"kami"，即日语"纸"的意思)以预先包制的方格纸的形式售卖，尺寸为$2.5\sim25$ cm。常见的折纸用纸是一面彩色、一面白色的，现在出现了双面彩色或有图案的色纸，这些适用于折变色模型。至于较轻的折纸用纸，适用的模型范围更广。衬铝箔纸，是一张与薄纸张胶合的金属薄片。在亚洲，某些折纸爱好者也会自制所谓"合成纸"，就是将铝箔与薄棉纸胶合起来使用。

(四)折纸与数学

折纸的研究涵盖了多种数学知识。譬如，平面可折性的问题(一个起皱的形态能否折成二维模型)是重要的数学研究主题。

值得注意的是，纸张面上的所有点展现零高斯曲率，而仅仅沿零曲率的线条自然地折叠。但是，沿曲率不起折痕的纸张面，可透过湿纸张或手指实现。

硬式折纸的问题("若用薄金属板取代纸张，而折线中有节点，我们能否仍旧折出模型?")有重大的实用价值。例如三浦公亮提出的硬式折叠——三浦折叠已应用于为太空人造卫星部署大型太阳电池板的阵列。

任务实施

一、完成围巾编制

首先棒针起针。

第一针，调下不织，将线绕到上面。

第二针，使右针从左针上的两根线里穿出。将线往穿出的右针前边绕一下，然后将线织出来。

第三针，织下针，使右针以左针下面的线里穿出。

接着重复此轮动作直至编完一排后再另起一排，反复编至围巾完工(图7-2-22)。

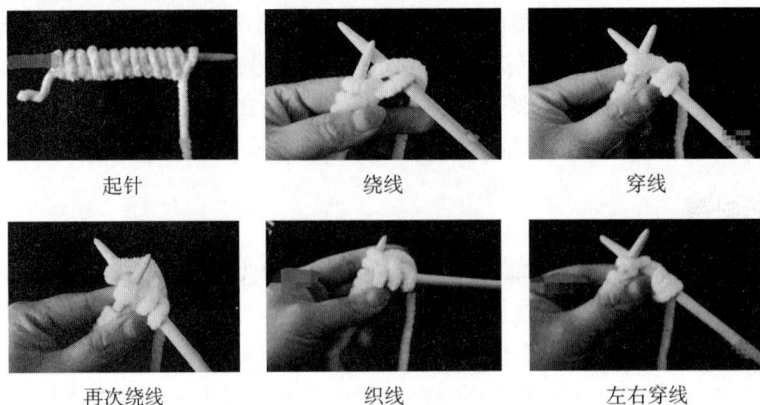

起针	绕线	穿线
再次绕线	织线	左右穿线

图 7-2-22　围巾编制

二、学习陶瓷的制作

陶瓷是陶器和瓷器的总称，常见的陶瓷材料为氮化物、硼化物、氧化物和碳化物等，典型代表有黏土、氧化铝、高岭土等。陶瓷材料虽然硬度较高，但可塑性较差。陶瓷除了用作食器、装饰外，在科学、技术的发展中亦扮演着重要的角色。陶瓷原料取自地球原有的黏土，经过淬取而成。黏土的用法极具弹性，在今日文化科技中尚有各种具有创意的应用。下面我们学习陶瓷的制作(图 7-2-23)。

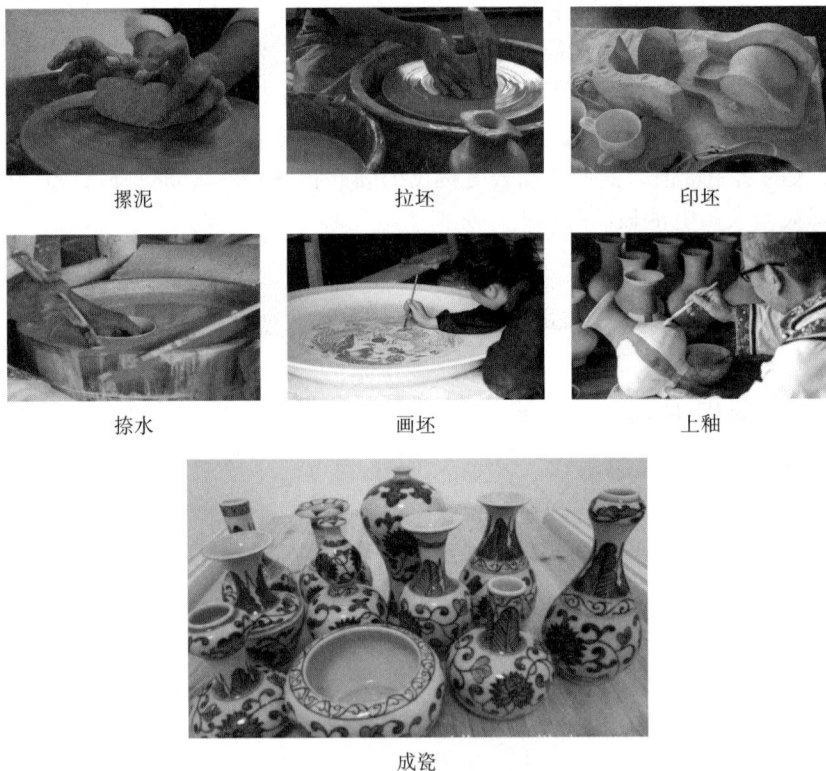

摞泥	拉坯	印坯
捺水	画坯	上釉

成瓷

图 7-2-23　陶瓷制作过程

(一)淘泥

高岭土是烧制瓷器的最佳原料。千百年来,多少精品陶瓷都是由这些不起眼的瓷土演变而来的。制瓷的第一道工序——淘泥,就是把瓷土淘成可用的瓷泥。

(二)摞泥

淘好的瓷泥并不能立即使用,要将其分割开来,摞成柱状,以便储存和拉坯。

(三)拉坯

将摞好的瓷泥放入大转盘内,通过旋转转盘,用手和拉坯工具将瓷泥拉成瓷坯。

(四)印坯

拉好的瓷坯只是一个雏形,还需要根据要做的形状选取不同的印模将瓷坯印成各种不同的形状。

(五)修坯

刚印好的毛坯厚薄不均,需要通过修坯这一工序将印好的坯修刮整齐和匀称。修坯又分为湿修和干修。

(六)捺水

捺水是一道必不可少的工序,即用清水洗去坯上的尘土,为接下来的画坯、上釉等工序做好准备工作。

(七)画坯

在坯上作画是陶瓷艺术的一大特色。画坯有多种方式,有写意的,有贴好画纸勾画的。无论怎样,画坯都是陶瓷工序的点睛之笔。

(八)上釉

画好的瓷坯,粗糙而又呆涩;上好釉后则全然不同,光滑而又明亮。上釉手法不同,效果也全然不同。常用的上釉方法有浸釉、淋釉、荡釉、喷釉、刷釉等。

(九)烧窑

千年窑火,延绵不熄。经过数十道工序精雕细琢的瓷坯,在窑内要经受上千摄氏度高温的烧炼。现在的窑有气窑、电窑等。

(十)成瓷

经过几天的烧炼,窑内的瓷坯已变成了件件精美的瓷器。

(十一) 修补

瓷器烧出来后有时会有瑕疵,用"劲素成"(一种陶瓷修补剂)进行修补,可以让成瓷更完美。

任务评价

1. 制作一件手工技艺作品并拍照分享成果。
2. 讨论手工技艺作品制作心得。

能力拓展

观看陶艺小技巧之中山陶瓷匠人制作釉彩茶罐的视频。

项目七

任务卡 2

班级	姓名	组号	学号	时间

任务		评价方法	视频、照片

任务分工及执行情况	

总结	

心得体会	

自我评价	优秀□　　良好□　　及格□　　不及格□
同学评价	优秀□　　良好□　　及格□　　不及格□
教师评价	优秀□　　良好□　　及格□　　不及格□

项目八
照顾老幼

📝 **工匠精神**

吴运铎：为国铸剑，虽九死其犹未悔

说到我军的兵工事业，就不能不提一位传奇的兵工专家——吴运铎，他被誉为"中国的保尔·柯察金"。1917年，吴运铎出生在江西省萍乡市安源煤矿，自幼家境贫寒。因煤矿机器设备众多，他少年时便对机械产生了浓厚的兴趣，并执着地钻研起机器运转的原理来。

抗战爆发后，吴运铎认识到"要翻身、要解放、要光明，就只有跟着共产党走"。1938年9月，吴运铎毅然参加了新四军，因其熟悉机械，被分配到修械所工作。他头脑灵活、思维敏捷，在短时间内便学会了修理各种枪支和制造各种步枪零件。

1939年，军部决定建立新四军的第一座兵工厂。在物资极其匮乏的战争年代，兵工厂条件的简陋程度是常人难以想象的。但吴运铎坚定地认为："只要有党的领导，发扬我们党的革命传统——自力更生，奋发图强，我们就一定能取得胜利。"没有图纸，他就自己画，并精心打造每一个零件；没有火药，他就"把红头火柴的头刮下来，用酒精泡开，制成火药；酒精没了，就用老烧酒蒸馏后制造出土酒精。火柴头做的火药，爆炸力太强，就掺入锅灰，配成适用的火药"。不到3个月，吴运铎就设计制造出了新枪支，创造了新四军造枪的纪录。抗战时期，吴运铎带领兵工厂的战友们还制造出了不少新的杀伤性武器，如地雷、枪榴弹和平射炮等。

每一种武器研制成功的背后，都是与吴运铎的巨大付出和牺牲分不开的。在一穷二白的情况下，在残酷的战争环境中，他为了研发各类枪弹，一生多次负伤，4根手指被炸断、左眼被炸瞎、一条腿被炸断，身上还留下大大小小无数伤疤，体内留有几十块弹片……

然而，为国铸剑是吴运铎毕生的追求，"虽九死其犹未悔"。他说："只要我活着一天，我一定为党为人民工作一天。"新中国成立后，他撰写的自传《把一切献给党》，引起了广泛、强烈的反响。2009年，吴运铎被评为100位为新中国成立做出突出贡献的英雄模范之一。

任务一　领会尊老爱幼美德的内涵

学习目标

1. 领会尊老爱幼美德的内涵。
2. 树立家庭与社会责任感。
3. 强化尊老爱幼的意识。

学习任务

了解尊老爱幼这一中华民族传统美德的内涵，分享身边践行尊老爱幼美德的模范人物事迹，将尊老爱幼深植于心、外化于行。

任务导入

中国古代儒家学派的代表人物孟子曾说过："老吾老，以及人之老；幼吾幼，以及人之幼。天下可运于掌。"敬爱自己的长辈，进而也敬爱别人的长辈；爱抚自己的孩子，进而也爱抚别人的孩子，这样可实现天下太平、国泰民安。尊老爱幼是中华民族的传统美德，也是社会文明高度发展的体现。践行尊老爱幼美德应是每位大学生的责任和义务。

任务准备

每位同学准备 1~2 个身边尊老爱幼的小故事分享。

知识窗

"孝敬老人"事迹

知识储备

一、尊老爱幼的含义

尊老爱幼即尊敬长辈，爱护幼小，是中华民族的传统美德。

尊老爱幼起始于原始社会。当时生产力低下，在氏族公社内部为了人类的繁衍和文明的延续，对丧失劳动能力的老人和尚无劳动与生活能力的小孩都一样分配劳动果实，实行义务抚养。由此逐渐形成的这种朴素的道德观念，也被继承下来。这体现了人性的善良。尊老爱幼有着经久不衰的生命力，值得被我们永远地继承下去。

二、为什么要尊老爱幼

尊老爱幼、孝敬父母是社会主义道德的基本要求。受其影响，我国《民法典》明确规定，父母对未成年子女负有抚养、教育和保护的义务，成年子女对父母负有赡养、扶助和保护的义务。

宪法、婚姻法规定要尊老爱幼，其原因主要如下。

①尊老爱幼是中华民族的优良传统和美德。我们应当继承和发扬这一优良传统。

②这是社会主义道德法律化的要求。我们知道，《民法典》具有强烈的伦理道德性，即伦理道德与法律具有兼容性。道德上要求法律有相应的规定，法律的规定又得到了道德的强力支持。像尊老爱幼这种中华民族的美德，我们就应当将其上升到法律的高度，用法律来保障老人受到尊重、孩子得到照顾。

③这是现实生活的需要。尽管我国绝大多数人能做到尊老爱幼，但仍有少数人不能履行对老人应尽的法律义务，甚至对未成年人虐待、遗弃。因此有必要对这些人予以法律约束。

三、尊老爱幼相关节日

(一) 重阳节

1986 年，根据中国老龄问题全国委员会的建议，国务院决定将每年农历九月初九的重阳节定为"中国老人节"，将传统与现代巧妙地结合，使之成为尊老、敬老、爱老、助老的老人节。我们应该在日常生活中，帮助老人解决生活的困难，多给老人一些心理慰藉；同时借助传统的重阳节，表达对全国老人健康长寿的祝福。

重阳节，作为中国的传统节日，融多种民俗于一体。那么重阳节的风俗有哪些呢？

1. 九日登山

一有王维"遥知兄弟登高处"，二有李白《九日登山》，可见登高是重阳节的风俗之一。重阳佳节，秋高气爽，登高可使人心旷神怡(图 8-1-1)。

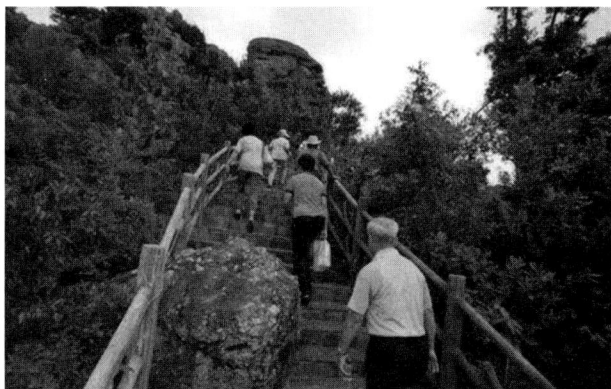

图 8-1-1　老人重阳节登高

2. 九日醉吟

所谓"九日黄花酒"，即指菊花酒。农历九月，菊花争艳，因此九月又称菊月。菊花象征长寿，菊花酒寓意"吉祥酒"。在重阳节有赏菊、饮菊花酒的传统风俗，所以重阳节又称为"菊花节"。重阳节聚会饮酒、赏菊赋诗早已成为一种风俗。

3. 食重阳糕

重阳节登高还与吃重阳糕有联系。因为"高"与"糕"谐音，所以重阳节不仅要登高，还要吃重阳糕。登高吃糕，有"步步高升"之吉祥寓意，还有庆祝秋粮丰收、喜尝新粮的用意。

正所谓"千里不同风，百里不同俗"。重阳节除了上述人人皆知的风俗以外，各地也有不同的风俗以庆祝重阳佳节。例如，在河北，重阳节有"追节"的习俗，即有姻亲关系的家庭会互相送礼；在山东昌邑北部有谚语道"喝了萝卜汤，全家不遭殃"，所以有重阳节吃辣萝卜汤的习俗；江苏南京人家以五色纸凿成斜面形，连缀成旗，插于庭中；等等。

4. 佩茱萸

王维《九月九日忆山东兄弟》诗曰"遍插茱萸少一人"，可见在古代，插茱萸是重阳节的习俗。因此，重阳节又称茱萸节。茱萸是一种具有特殊气味的植物，有驱虫祛湿的作用，可入药，能消积食、治寒热。所以，古人重阳节佩茱萸是希望可以辟邪求吉，因此还被人们称为"辟邪翁"。

重阳节不仅在中国有相关的风俗，在其他国家也有一些相关风俗，如在韩国有吃花煎、花菜，玩花煎游戏、放风筝的习俗；在日本有吃茄子、吃栗子饭祭菊等风俗。

中华民族一向是个懂得尊老爱幼的民族，我们从小受到的教育也是要尊老爱幼。尊老爱幼是我国古代优良的传统美德，我们要弘扬这一优良的传统，为我国的精神文明建设贡献自己的一份力量！

(二) 儿童节

儿童是国家的未来，是民族的希望。给所有儿童创造良好的家庭、社会和学习环境，让他们健康、快乐、幸福地成长，一直是世界各国努力的目标。一年一度的"国际儿童节"

就是专门为儿童们设立的节日。

1949年11月，国际民主妇女联合会在莫斯科举行理事会议，中国和各国代表愤怒地揭露了帝国主义分子和各国反动派残杀、毒害儿童的罪行。为了保障世界各国儿童的生存权、保健权和受教育权，改善儿童的生活，会议决定以每年的6月1日为国际儿童节。

我国中央政府于1949年12月宣布：以"六一国际儿童节"代替原来的"四四儿童节"，并规定少年儿童放假一天。每年的这天，学校一般会为此组织相关的集体活动。民间庆祝的方式多为送玩具等礼物给小朋友，或陪小孩出外吃大餐、游玩。

任务实施

一、"尊老爱幼"社会实践之一

大手牵小手走进孤儿院，一起营造和谐校园的新风尚。这样让孤儿充分体会到社会大家庭的温暖，并鼓励他们好好学习，将来回报社会；同时可体现当代大学生、高校学子关爱儿童、关注弱势群体、奉献社会的高尚品德，展现我们的爱心。

活动流程如下。

(一) 活动前期准备

①联系好孤儿院，确定活动的开展时间及内容。
②组织参加人员。
③安排好活动的场地。
④统计人员，调查好来回路线。

(二) 活动实施阶段

①参与活动人员着统一服装在规定时间、规定地点集合出发前往活动地点。
②现场与孤儿院负责人协商游戏场地的筹备。
③联欢游戏活动(适合与儿童一起进行的游戏及节目表演)。
④展开慰问：和孩子们交流，向慰问儿童送出统一准备或自愿准备的学习、生活用品。
⑤活动结束后各参加人员帮助整理和打扫卫生。
⑥在活动地点集合后统一离开。

(三) 活动后期工作

①参加人员写感想。
②活动相片的收集。

二、"尊老爱幼"日常践行活动

用实际行动向身边的老人们献上我们的一份心意。发扬中华民族的传统美德，学会为自己的爷爷奶奶、外公外婆或邻居老人做些力所能及的事，比如帮他们做家务、陪他们聊天娱乐，多为他们着想，少让他们做那些本来应该由我们自己做的事，把好吃的让给他们，把有趣的事告诉他们，对邻居长辈有礼貌，外出时礼让老人。

任务评价

1. 日常生活中践行尊老爱幼传统美德并拍照分享。
2. 参加敬老院和孤儿院志愿者活动。

能力拓展

1. 观看关于"尊老爱幼"的感人故事之"良好家风出孝子，耄耋老人悉心照料百岁母亲"的视频。
2. 寻找机会践行尊老爱幼美德，努力将该习惯坚持一个学期，然后在本学期结束时再次系统反思自己各方面发生的变化。

项目八　　　　　　　　　　**任务卡1**

班级		姓名		组号	学号		时间
任务					评价方法		视频、照片
任务分工及执行情况							
总结							
心得体会							
自我评价		优秀□　　良好□　　及格□　　不及格□					
同学评价		优秀□　　良好□　　及格□　　不及格□					
教师评价		优秀□　　良好□　　及格□　　不及格□					

任务二　学会照顾老年人

学习目标

1. 了解老人心理、身体、行为特征。
2. 掌握日常照料老人的方法。
3. 能够主动照顾老人。
4. 树立家庭与社会责任感。
5. 强化尊敬老人的意识。

学习任务

在充分了解老人独有的心理、身体、行为特征后，对家里的老人或是身边有需要的老人进行日常照料，并呼吁身边的亲朋好友关心老人，让老人们感受到温暖，在轻松的环境下度过美好晚年。

任务导入

随着中国社会老龄化进程的加快，政府开始高度重视和着手解决人口老龄化问题，保障老人们的基本生活。俗话说得好："家有一老，如有一宝。"对于每个家庭来说，老人不仅是家人们的情感寄托，也是晚辈们的精神依靠。但老人们由于身体机能的衰退，生理、心理上会出现各式各样的问题。作为晚辈，如何照顾好身边老人就显得尤为重要。

任务准备

1. 每位同学提前熟悉家中 1~2 位老人的生活习惯和性格。
2. 准备照顾老人需用到的物品。

知识储备

一、老年人心理特点

（一）生理因素引起的心理改变

1. 衰老引起的心理改变

由衰老引起的心理改变有如下几种表现。

①感、知觉衰退导致性格变内向、寡言、反应迟钝、动作迟缓，显得老态龙钟。

②记忆力衰退导致对一切事务兴趣下降、记性差而忘记熟人名字，所以懒于交际，故步自封。

③思维力衰退引发语言表达能力下降、啰唆唠叨，思维迟钝，固守老观念，被贴上"老顽固"的标签。

④情绪改变会导致善变、焦虑多疑、易怒、自卑、孤僻古怪。

⑤意志衰退而不愿探索、不思进取、拖拖拉拉、优柔寡断。

2. 疾病引起的心理改变

所有躯体疾病和精神疾病都能影响老年人的心理健康，轻则焦虑多疑、感觉孤独、依赖性强等；重则生活不能自理，易抑郁，甚至自杀等。

反过来，这些不良心理又会加重原有疾病，产生恶性循环，甚至导致新的疾病。常见疾病有高血压、冠心病、糖尿病、支气管哮喘等。

3. 死亡引起的心理改变

老人之所以会"怕死"，主要是出于对死亡的未知，对死后现实世界的未知。许多老人不知自己的身后事会如何操持、自己还会不会被人记得、家里比较弱的孩子以后怎么生活等。他们不确定这些生前惦念之事能否得以解决。

其实，老人们的这种心态被称为"终点焦虑"，即老人面对越来越近的人生"终点"，会产生恐惧不安、焦虑烦恼等负面情绪，使自己和身边人陷入"阴霾"中。

帮助老人们积极看待自己的一生，消除他们的后顾之忧，鼓励他们乐观面对生活，多些成就感、价值感，少些悔恨、遗憾、自责，坦然享受晚年生活，能有效缓解他们的"终点焦虑"。

如果老人主动提及自己命不久矣，担心老伴、孩子以后的生活，说起自己葬礼、墓地等事宜，家人应给予回应，并达成一致意见，而不是避而不谈。家人应当多理解、陪伴老人，减少他们的孤独感和无助感，包容他们的"做不到"和低级错误。

（二）社会因素引起的心理改变

1. 从职业角色转变为闲暇角色

老人在退休后从工作中抽离出来，由职业角色转变为闲暇角色，大都会经历一段迷茫期。初始的心理不适应（如失落、空荡、惆怅、寂寞和无聊等情绪），如果没有得到较好地释放和缓解，会加重原有疾病，诱发新的身心疾病。

2.从主角退化为配角

这种落差是客观的。如果没有良好的心态，同样会出现上述情况。而本来就对名、利、权、欲等都已看淡，达到佛家、道家所说的"空无境界"的老人，就会很好地适应。这就叫修身养性。

(三)家庭因素引起的心理改变

1.家庭经济状况

俗话说，家家有本难念的经。很多老人收入明显减少，而花钱的项目却在增加，尤其是医疗费用。譬如目前农村居民养老金太少，远远达不到发达国家水平。很多老人开始悲观发愁，这时主要需要依靠孝顺的儿女。故社会上需大力提倡孝道。

2.家庭人际关系

家庭成员内部之间有矛盾，老人家就容易出现敏感、钻牛角尖、失望、怨恨、气愤等伤心也伤身的情绪。这时，家庭成员应多从自身找原因，多替别人着想，讲求个"善"字，宽以待人，严以律己，退一步海阔天空。

3.空巢老人的心理表现

"空巢老人"一般是指子女离家后的中老年人。中国空巢老人数量越来越多，已经成为一个不容忽视的社会问题。当子女由于工作、学习、结婚等原因离家后，不少独守"空巢"的中老年人因此而产生的心理失调症状，被称为家庭"空巢综合征"。家庭"空巢综合征"常常表现出的症状是心情郁闷、沮丧、孤寂、食欲降低、失眠；平时愁容不展、长吁短叹，甚至流泪哭泣，常常会有自责倾向，认为自己有对不起子女的地方，没有完全尽到做父母的责任；也会有责备子女的倾向，觉得子女对父母不孝，只顾自己的利益而让父母独守"空巢"。

二、日常护理

(一)居家护理

①向阳：预防骨质疏松，扩张血管，防止抑郁。
②通风：一般居室开窗通风 20~30 min。
③宁静：保持周遭环境的安静对于心脏病老人是一种治疗手段。
④温度：居室温度以 18~20℃为宜，夏天以 22~24℃为宜。
⑤湿度：居室最佳湿度为 50%~60%。
⑥家具：造型简单，布局合理，尽量靠窗。
⑦装饰：根据老人爱好，唤起老人记忆。

(二)饮食护理

①色香味俱全。
②饮食要清淡：过咸过油，易致心脑血管疾病，盐摄入量应低于 6 g/d。

③食品要多样：每天的主、副食品保持在 10 种以上。

④蛋白质要优质：如豆制品，乳制品，自然生长的鱼、家畜等。

⑤蔬菜要新鲜：每天摄入量应不少于 250 g，防便秘、保护心血管等。

⑥水果要适量：应在饭后半小时进食，且应适量。

⑦饭菜要松软。

⑧食物要温热：一般控制在 42℃，注意保温。

⑨进食要缓慢：避免噎食。

⑩喝水要充足：一般每天 6~8 杯（2000~2500 mL）为宜。

⑪食量要控制：七八分饱为宜，晚餐一定要少吃、早吃。

（三）睡眠护理

1.睡眠正常下的护理

应保证老人每天睡眠时间充足。

注意事项：睡前忌进食、饮浓茶和咖啡、讲话、当风。

2.睡眠障碍下的护理

心理疏导——关心、安慰、缓解老人的不良情绪。

治疗护理——严格遵守医生、护士指导，督促老人及时服药。

（四）清洁护理

1.每日护理

确保老人早晚洗脸刷牙，饭前洗手，饭后漱口，睡前清洗会阴和双足。

2.每周护理

在老人身体状况允许的情况下，帮助老人每周洗头、洗澡各一次。

3.洗澡注意事项

注意评估，注意温度，防止跌倒，注意力度，注意特别部位，缩短时间。

（五）衣着护理

1.帽子

头部血管丰富，天冷时大量热量从头部蒸发，戴帽子可保温。

2.衣服

面料最好用纯棉织品。

款式要宽大、合体、轻软、穿脱方便。

色彩要柔和、不褪色，夏季色淡，冬季色深、鲜艳。这可使老人愉悦，富有活力。

考虑衣物的散热与保暖功能。

3.鞋袜

人老先老脚，老人的末梢循环差，脚易冷。

冬天老人应穿保暖、透气、防滑的棉鞋，其他季节穿轻便布鞋，袜子选择宽松口的。

(六) 运动护理

1. 能自理老人的运动护理

起床后：醒了静卧 3 min，床上活动穿衣服，床边静坐 3 min，站立行走。

晨间梳洗：一般先去卫生间大小便，再刷牙漱口、洗脸、梳头。

户外：适当户外运动——阳光、空气、水和运动是健康四宝。

晚间洗漱：除重复早晨活动外，可增加洗浴、泡脚。

2. 不能自理老人的运动护理

①偏瘫老人的运动护理。鼓励、劝说老人树立信心，帮助其尽可能多地进行各个肢体的运动，延缓肌肉萎缩、神经萎缩，但要讲究循序渐进、力所能及。

②全瘫老人的运动护理。定时帮助老人翻身，预防压疮，一般 2 h 一次；使用气垫床；可适当帮助被动活动关节、肌肉，预防关节僵硬、肌肉萎缩，促进康复。

三、急救护理

(一) 老年高血压患者护理

1. 老年高血压患者护理步骤

①向老人介绍高血压防治知识，合理安排生活，劳逸结合，保持良好心态，避免不良刺激。

②劝诫老人改变不良生活习惯，戒烟忌酒，保证睡眠充足。

③养成定时排便的习惯，多吃蔬菜、水果和富含植物纤维的食物，适量饮水，保持大便通畅。

④定期测量血压，坚持长期服药，保持血压在正常的范围之内。

⑤给老人提供低盐、低脂、低胆固醇饮食。肥胖老人应适当限制热量摄入，以减轻体重。

⑥适量运动。

⑦一旦发现老人血压持续升高或出现头晕、头痛、恶心等症状，应让其停止一切活动，嘱咐老人放松，就地休息，做好安抚工作，并及时报告其家属和医生。

2. 护理小贴士

预防高血压的"三个半分钟"法和"三个半小时"法。

"三个半分钟"法即醒来躺在床上半分钟，坐起来又坐半分钟，两腿垂在床沿半分钟。这样可预防体位性低血压、脑缺血、摔倒、骨折，减少脑卒中、心肌梗死和猝死事件的发生。

"三个半小时"法即早上起来运动半小时，午睡半小时，晚上慢步行走半小时。这样可增强体质，提高生活质量。

(二) 老年脑出血患者护理

1. 急救护理

①一旦怀疑老人脑卒中，不要随便搬动老人，及时报告值班医生，通知相关人员或直接拨打 120 急救。

②让老人仰卧，头肩部稍垫高，头偏向一侧，防止痰液或呕吐物回流吸入气管造成窒息，同时注意保暖。

③解开老人领口纽扣、裤带、胸罩，如有假牙也应取出。

④如果老人是清醒的，要注意安慰他，缓解其紧张情绪，宜保持镇静，切勿慌乱，避免增加老人心理压力。

⑤搬动老人时应听从急救医生的指挥，动作轻柔。

2. 恢复期护理

①心理护理：与老人交流，进行开导，使老人感受到温暖，树立信心。

②呼吸道护理：如病情允许可采取半坐卧位，拍打胸、背部。

③口腔护理：每天2次用冷开水清洁口腔。

④眼睛护理：眼睛不能闭合的老人，应每天用1%硼酸溶液或生理盐水冲洗眼睛，并用无菌油纱布覆盖以保护眼睛。

⑤褥疮护理：每隔2 h翻一次身，变换体位，预防褥疮。

⑥康复护理：在医务人员指导下进行康复护理，如被动、辅助、主动运动。

⑦饮食护理：限制总热量，低盐、低脂、清淡饮食，戒烟忌酒，多吃蔬菜水果。

⑧预防肺炎护理：翻身后要进行拍背护理，每次10 min左右。

⑨排尿护理、排便护理：多喝水。

(三) 阿尔茨海默病患者护理

①充分了解和理解阿尔茨海默病患者，赢得老人的信任。

②帮助阿尔茨海默病患者熟悉环境和居室设施，让老人在住所内能够辨认出自己的居室，在居室内能够找到自己需要的物品和衣物，逐渐适应生活。

③帮助阿尔茨海默病患者形成有规律的生活，督促老人按时起床、洗漱、吃饭，避免昼夜颠倒的生活。

④引导阿尔茨海默病患者适当用脑，强化记忆。多陪老人聊天，回忆生活往事。

⑤指导老人进行日常生活能力的训练，尽可能保持生活自理能力。

⑥请阿尔茨海默病患者参加文体活动(如听音乐、跳舞、打太极拳、打门球)、社交活动、阅读活动等，延缓老人的社会衰退速度。

⑦对于日常生活完全不能自理的阿尔茨海默病患者，要照顾好其饮食起居，使其定时进餐、定时排泄，保持个人卫生。同时要注意防止褥疮和呼吸道感染。

⑧做好阿尔茨海默病患者"五防"，即防自我伤害、防跌伤骨折、防意外事故、防药物中毒、防走失。

任务实施

"尊老爱幼"社会实践之二

弘扬中国传统文化，走出校园，深入了解社会。大学生可组织志愿者团队参与"尊老爱幼"社会实践,去敬老院看望老人,既可丰富、充实大学生的课余生活,锻炼和提高大学生的社会能力,又能为社会的发展贡献力量,传播正能量。

(一)活动目的

1.对敬老院
①希望能给老人带来快乐,同时自己也体会到帮助别人的快乐。

②通过帮助孤寡老人做一些力所能及的事,让老人排解内心的孤独寂寞,让他们感受到温暖和关爱。

③得出一定的数据和信息,分析造成这种现状的原因,还可给出一定的解决措施。

2.对实践人员
①完成社会实践活动的要求与任务。

②帮助、关心老人,养成尊老、敬老、爱老、助老的良好品德。

③更好地锻炼我们的调研能力,积累社会实践经验,培养团体协作精神和社会交际能力,提高自身的素质,完善自我。

④同学们走出校园,走进社会,关注社会上那些无助的群体,了解他们的生活。与不同的群体接触,可以让大学生更加了解这个社会,更加关爱弱势群体,同时也培养了大学生的服务群众的意识。

3.对社会
①在宣传活动中呼吁社会更加关注老年人这一群体,激发社会上的爱心人士更多地关注敬老院。

②进一步弘扬尊老敬贤的传统美德和青年志愿者"奉献、友爱、互助、进步"的精神。

③加大宣传,希望在社会上形成尊老、敬老、爱老、助老的社会氛围。

④向社会展示大学生的优秀品质与较好的精神面貌,让市民看到当代大学生的风采,能够真正地唤起各界对老年人的关爱。

(二)活动时间

1天:××××年××月××日。

(三)活动地点

社区敬老院。

(四)活动对象

敬老院院内老人。

(五)活动流程

1.活动前期策划准备
①开展活动前会议。

②安排负责人员。

③初步调查、联系敬老院。

④派代表提前考察敬老院的情况，如食宿状况、网络状况、作息时间、生活习惯、工作人员情况等。

⑤进行活动前的准备，购买活动物品等。

2. 活动时间及内容安排

(1)初步交流。

到达敬老院，与敬老院的老人们聊天，帮助老人们做一些力所能及的事，如打扫卫生等，让大家相互认识，了解老人们的物质及精神状况等。

充分了解敬老院的环境并教导活动成员如何和老人沟通等。

(2)日常活动。

①早上锻炼，与老人一起散步。

②在老人没事的时候，与老人聊天。聊天内容可以涉及我们所要调查的内容，采用谈心的方式，轻松进行。

③每日的活动记录。

④晚上睡前开一次集体会议，每日进行总结，并布置下一阶段的工作。

⑤协助工作人员，帮助照顾老人。

(3)游戏活动(学生与老人自由结对做游戏)。

①折纸小游戏。以小组为单位，派出两名代表，在规定的时间(15 min)内，进行折纸，时间一到立刻停止。由评委评比，哪一组的折纸最精致、花样最多，哪一组就胜出。

②你出我猜。每组出 10 道谜题，形式不限，可以是脑筋急转弯，也可以是一般谜题。标注每队标志，仍旧以每组两人为代表的方式开展。答题的那一组在其他组的答题箱中抽取 6 道题回答，前 30 道题以轮流回答的方式进行，最后 20 道题以抢答的方式进行，每题答题时间 1 min。答对加 1 分，答错扣 1 分，不答不扣分。

③一句话故事接龙。分组抽签，抽中的第一组以一句话叙述一个故事，第二组以一句话延续这个故事，循环向下，答题限时 1 min。组内可任意商议，1 min 后未答完或进度受阻，那一组将受到惩罚。具体要求由其他组商议。

④定向运动。原地摆放 8 个纸箱，分别写上 8 个方位，一人站在其中，蒙住双眼，按照主持人的口令做动作(事先写好的纸条)。停下来后，根据自己的印象，猜测自己正前方的纸箱是哪一方向。进行两轮，猜对可获得箱中的小礼品，猜错则受到相应惩罚。

⑤其他小活动等。

(4)心愿大实现。

让老人们写下或说出自己的心愿。在合理范围里，实践队员分组进行，帮助老人完成心愿。

3. 调查实践

(1)敬老院内的调查。

问卷调查：

①老年人养老方式的选择及原因。

②老人们的身体状况与精神状况。

③老人们的生活状况以及生活条件。

专项采访：

①老人们对自己生活的感想。

②老人们对进敬老院的看法。

（2）敬老院外的调查。

①人们如何选择老人的养老方式以及原因。

②人们对于老人的养老有何看法。

③社会对于老年人问题，如下一步该怎么办的看法。

（六）活动注意事项

1. 整个活动中

①不要太热心，要考虑到老人的自尊；老人的行动或许慢，但不代表他们愿意让你帮助。

②穿着应考虑老人们的审美，不要引起老人们反感。

③要有耐心，懂得倾听。

④有礼貌，敬语、尊称不能忘。

⑤一些过于私人的问题，尽量不要涉及。

⑥询问家庭状况、身体状况、兴趣爱好。

⑦我们去敬老院，不一定是去教什么，而有可能是去学什么。降低自己的身份，态度谦恭有礼。老人若有什么特长，可以试着让老人教我们。

⑧注意老人的身体健康状况，提前了解老人常见心理问题及解决方法。

2. 活动过程前

①采购及布置应该尽量快速并且减少麻烦。

②注意安静。

③注意礼貌。

④安全第一。

3. 活动过程中

①活动中要遵守规则，不擅离职守。

②随时关注老人的身体状况，注意休息。

③活动时间与内容安排恰当。

4. 活动过程后

询问老人们对活动的感受与建议，随时反馈，进行调整与完善并对活动进行小结。活动小结具体内容如下。

①每位队员将自己每天全身心投入在活动后的感悟与认知及时在活动心得上反映出来，在活动结束后整理为个人的实践心得。

②开小会，活动当天策划人员与记录人员就每天的活动情况进行详细记载，并讨论第二天的具体活动事宜，做好分配。

③调查人员负责当天调查问卷的整理与总结。

④每天做好宣传工作，拍照、写新闻稿、发微博等，并选取质量较高的稿件向各大报刊投稿，以期引起社会的关注。

⑤负责人做好每天团队日志，并定时与指导老师等联系。

任务评价

1. 照顾家中老人日常起居并拍照分享成果。
2. 讨论照顾老人的技巧。

能力拓展

学习照顾老人的技巧之认知障碍老人护理措施。

任务卡 2

班级	姓名	组号	学号	时间

任务		评价方法	视频、照片

任务分工及执行情况	

总结	

心得体会	

自我评价	优秀□　　良好□　　及格□　　不及格□
同学评价	优秀□　　良好□　　及格□　　不及格□
教师评价	优秀□　　良好□　　及格□　　不及格□

任务三　学会照顾幼儿

任务导入

　　在"全面放开三孩"政策的背景下，政府工作报告提出"婴幼儿照护事关千家万户"。这是打消人们生育顾虑的一个重要举措。"全面放开三孩"政策可提升群众生育意愿和生育能力，对于更好地应对人口老龄化发展趋势，推动实现适度生育水平具有重要的现实意义。你们做好迎接这些"熊孩子"的准备了吗？照顾幼儿生活起居、读懂"熊孩子"背后的语言、成为孩子的"朋友"已是现代人的一项必备技能了。

任务准备

1. 每位同学提前熟悉身边 1~2 个小孩的生活习惯和性格。
2. 准备照顾小孩需用到的物品。

知识储备

一、幼儿食品制作知识

(一) 食物品种的选择

①1 周岁前：以奶为主。

4~6个月开始逐步合理添加辅食,尝试多种多样的食物,膳食应少糖、无盐、不加调味品(可添加少量食用油)。

②1周岁后:以谷类为主食。

以米、面为主,同时搭配肉类食品及蔬菜、水果、禽、蛋、鱼、豆制品等。食物的搭配、制作上要多样化。

适合幼儿的蔬果:深绿色叶状蔬菜及橙、黄色水果含有较高的维生素 C、维生素 B2 和胡萝卜素及矿物质(如钙、磷、铁、铜等)。

水果中的有机酸能促进幼儿的食欲,有助消化的作用。

推荐蔬菜:油菜、小白菜、菠菜、苋菜、莴笋叶、圆白菜、胡萝卜、西红柿。

推荐水果:苹果、柑橘、香蕉、桃、葡萄、梨、杧果、木瓜。

小贴士 ▶ 橘子易过敏,幼儿满6个月后再加;果、蔬不能互相替代。

(二)食物质地的选择

(1)原则。

①1周岁以内以奶为主。

②6个月内最好纯母乳喂养。

③4~6月开始添加辅食。

(2)不同月龄幼儿的食物质地的选择(表8-3-1)。

表8-3-1　不同月龄幼儿食物质地的选择

月龄	食物质地
4~6个月	稀糊状(米汤、菜汁、果汁、菜泥、果泥)
7个月	泥状(稀粥、鱼泥、肝泥、豆腐泥、蛋羹)
8~10个月	碎末状(稠粥、碎面、馒头、碎肉末、碎菜末)
11~12个月	碎块状(软米饭、面条、带馅食品、碎肉、碎菜)
18个月	逐步向成人饮食过渡
36个月	成人饮食

(三)幼儿饮食注意事项

①蔬菜不能代替水果,水果汁不能代替水果。

②糊状食物是4~6个月幼儿的必要食物,不是辅助食品。

③夏天幼儿的消化功能减弱,要循序渐进地增加新的品种。

④提供幼儿食品不要以成人喜好为标准。

二、幼儿作息安排

(一)合理作息与幼儿生长发育的关系

①睡眠有利于幼儿脑细胞的发育。
②睡眠有利于幼儿身长的增长。
③睡眠保护幼儿神经系统的正常发育。
④睡眠是人体精神和体力恢复的必要条件。
⑤睡眠对幼儿的健康成长、智力及思维能力的正常发育是极为重要的。

(二)睡眠不足导致的问题

①烦躁不安。
②食欲不振。
③体重不增加。
④抵抗力下降。
⑤易生病。

(三)安排一日作息的要点及注意事项

(1)坚持按时进餐、睡眠、活动。
①合理安排饮食,保证营养,促进生长发育,合理作息,保护消化系统。
②注意睡眠安全,观察睡眠状态。
③根据幼儿的不同月龄生理特点进行安排。
④根据季节特点,冬季早睡;夏季晚些睡,午睡适当延长。
⑤动静结合,脑体结合,室内外结合。
(2)不同月龄幼儿的作息时间表(表8-3-2)。

表8-3-2　不同月龄幼儿作息时间表

月龄	睡眠次数	白天睡眠持续时间/h	夜间睡眠持续时间/h	睡眠时间合计/h	活动时间/h	饮食	
						次数	间隔时间/h
2~6个月	3~4	1.5~2	8~10	14~18	1.5~2	6	3.5~4
7~12个月	2~3	2~2.5	10	13~15	2~3	5	4
13~36个月	1~2	1.5~2	10	12~13	3~4	3~4	4

三、幼儿习惯培养

(一)饮食习惯培养

1.注意事项

①新生儿按需喂养;幼儿按时进食。

②进食环境不要太嘈杂，以免影响进食情绪。

③进食最好一次性喂饱，一次进食时间不要太长。

④不要让幼儿嘴里含着食物玩。

⑤进食位置要固定，不要边走路边进食。

2. 幼儿饮食特点

①消化系统功能尚未发育成熟。

②消化能力弱。

③胃的容量小。

④生长发育迅速。

⑤每日需要的营养量较多。

(二) 睡眠习惯培养

1. 幼儿良好睡眠习惯的培养

良好的睡眠习惯是保证幼儿睡眠充足的前提；睡眠有利于消除疲劳，有利于脑细胞的发育，有利于幼儿的生长发育。

(1) 幼儿按时独自入睡的训练。

①创造适宜的睡眠环境：安静、光线柔和、温度适宜。

②睡前洗脸、脚、臀或洗澡、按摩。

③排尿一次。

④1 周岁前用清水或淡盐水漱口，1 岁后刷牙。

⑤换宽松、柔软的睡衣，冬天用睡袋。

⑥固定乐曲催眠。

⑦不拍、不摇、不抱、不可喂哺催眠。

⑧睡前避免过度兴奋。

⑨到睡觉时间，把幼儿放在小床上，培养其独自睡觉的能力，暂时没睡不要去逗他/她。

(2) 注意事项。

①根据月龄合理安排睡眠时间和次数。

②幼儿出生后开始训练，新生儿夜间按需喂奶，切不可因喂奶将其弄醒。

③按时入睡，保证睡眠时间。

④固定时间上床、起床；睡前不进行剧烈活动、不看刺激性电视、不讲可怕故事、不玩新的玩具。

2. 幼儿良好大小便习惯的培养

了解幼儿大小便的规律，可培养幼儿定时排便、自己主动坐盆的良好习惯，帮助幼儿在大脑内建立一系列条件反射，提高机体的工作效率，以保证各器官良好地工作和休息，提升他们的自信心，保障健康的行为和生活方式。

(1) 幼儿定时大小便习惯的训练。

①养成每天清晨起床后、午睡起床后或临睡前排便的习惯。

②8 个月左右幼儿可以开始坐便盆。

③1 周岁半左右幼儿会用不同的方式表示排尿的需要。

④2 周岁半左右幼儿自己学会排便。

（2）使用幼儿便器专心排便的训练。

①6 个月以后幼儿可以开始练习坐盆。

②6~8 个月幼儿在固定地方的便盆中进行大小便训练。

③选择安全的幼儿专用便盆。

④冬季便盆不宜太凉。

⑤每次坐盆时间不宜太长，3~5 min 为宜。

⑥练习坐便盆时必须由大人扶着。

⑦观察幼儿大小便规律。

⑧坐盆时不要玩玩具或吃东西。

⑨每天坚持练习坐盆。

⑩便后立即擦净屁股。

⑪便后要洗手，保持良好的卫生习惯。

⑫便盆要经常消毒，保持清洁。

（3）注意事项。

①要有耐心，不可长期使用尿布和穿开裆裤。学会走路后，白天可不用尿布。

②大小便弄脏裤子时不要责怪幼儿，应提醒和引导其坐盆。

③注意观察幼儿大小便信号，及时作出反应。

④幼儿生理成熟程度不同，控制力也会不同，存在个体差异。

⑤当幼儿学会用动作或语言表示要大小便时，应及时鼓励和表扬。

⑥排便时不喂食和玩玩具。

⑦外出时不要让幼儿随地大小便。

任务实施

一、果汁的制作

（一）水果选择原则

①新鲜、无裂伤、无碰伤。
②成熟、应季、多汁为首选。

（二）橙汁制作步骤

①将鲜橙横切一刀。
②用榨汁器手工榨汁。
③将橙汁倒入茶漏过滤（图 8-3-1）。

④加少许温水(或加点糖)。

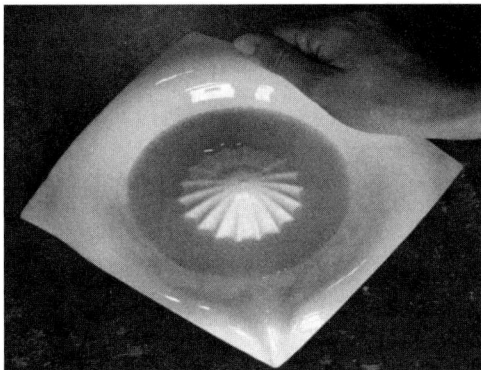

图8-3-1　过滤橙汁

(三)苹果汁(生)制作步骤

①将苹果洗净、去皮、去核。
②将果肉切成小块。
③将果肉放入茶漏中用勺挤出汁。

(四)苹果汁(熟)制作步骤

①将苹果洗净、去皮、去核、切成小块。
②将果肉放入沸水中煮3 min。
③将果肉碾碎再过滤、取汁。

(五)西瓜汁制作步骤

将西瓜瓤放入碗中,用勺捣烂,再用消毒纱布过滤后取汁即成。

二、菜水的制作

(一)胡萝卜水制作步骤

①将胡萝卜洗净,切成小丁。
②将胡萝卜丁放入奶锅中,加水没过胡萝卜丁。
③煮开后换小火再煮10 min,用勺压一下,感觉胡萝卜已煮软即可关火。
④将胡萝卜水过滤,放凉后再食用。

(二)油菜水制作步骤

①取两棵小油菜(6~7片叶子)洗净、切碎。
②锅中放入50 mL水,煮开后将碎菜放入锅中,不盖锅盖煮2~3 min,关火。

③将菜水过滤，放凉后再食用。

（三）胡萝卜山楂汁制作步骤

①准备新鲜山楂 1~2 颗、胡萝卜半根。将山楂洗净，每颗切成四瓣。将半根胡萝卜洗净切碎。

②将山楂、碎胡萝卜放入炖锅内，先加水煮沸，再用小火煮 15 min，后用纱布过滤取汁。

（四）白萝卜生梨汁制作步骤

①将白萝卜切丝，梨切成薄片。

②将白萝卜丝倒入锅内，加清水烧开，用微火炖 10 min 后，加入梨片再煮 5 min，取汁即可食用。

（五）西红柿苹果汁制作步骤

①准备新鲜西红柿半个、苹果半个。

②将西红柿洗净，用开水烫后剥皮，用榨汁器或消毒纱布把汁挤出。

③苹果削皮蒸熟或直接榨汁，取 1~2 汤勺兑入西红柿汁中即可。

三、婴儿点心制作

（一）米汤制作步骤

将锅内水烧开，放入 200 g 淘洗干净的大米，煮开后用文火煮成粥，取上层米汤放凉后即可食用。

（二）各种果泥制作步骤

①苹果泥：将苹果洗净、去皮，用勺子慢慢刮成泥状即可食用。

②木瓜泥：将木瓜洗净，去籽，然后把果肉压成泥状即可食用。

③猕猴桃泥：将猕猴桃洗净去皮、去籽，将果肉压成泥即可食用。

④香蕉泥：选用成熟香蕉，用勺子将果肉压成泥或者刮出泥即可食用。

（三）蛋黄泥制作步骤

①将鸡蛋煮熟(以蛋黄刚好凝固为宜)。

②将蛋黄剥出，碾碎，用温开水、米汤、牛奶或肉汤拌匀，用小勺喂给幼儿吃。

（四）青菜泥制作步骤

①将适量青菜叶子洗净，加入沸水内煮 1~2 min。

②取出菜叶，用粉碎机或在铜丝网上研磨，滤出菜泥。

(五) 鲜红薯泥制作步骤

将红薯洗净后去皮，切碎捣烂，加温水，放入锅内煮 15 min，待烂熟后加入少许白糖，稍煮即可。

(六) 蛋黄土豆泥制作步骤

①将蛋黄煮熟后捣碎过滤，把切碎的土豆煮软捣碎。

2. 将土豆加入蛋黄和牛奶中进行搅拌，然后稍微加热即可食用。

(七) 蛋黄羹制作步骤

①将 1 个生蛋黄加水 1~2 倍，打成蛋汁。

②置于刚冒气的蒸锅中，微火蒸 10 min 即可。

③起锅前用筷子拨一下，看蛋羹内部是否已凝固，若尚未完全凝固，可再蒸 2~3 min。

注 意 ▶　忌大火猛蒸，否则蛋黄羹会起泡。

小贴士 ▶　待幼儿适应后可以在做蛋羹前加入香菇末、菜末、鱼肉泥、碎豆腐、虾末等适合相应年龄段幼儿的 1~2 种食物，通过这些变化来让幼儿保持对蛋羹的喜爱。

(八) 全蛋羹制作步骤

将 1 个生鸡蛋加 1 倍水，打成蛋汁，微火蒸约 10 min。

任务评价

1. 制作一款幼儿辅食并拍照分享成果。

2. 照顾家中小孩日常起居。

3. 讨论照顾小孩的技巧。

能力拓展

学习照顾小孩的技巧之新生儿四肢抚触。

项目八　　　　　　　　　　任务卡 3

班级		姓名		组号	学号	时间
任务				评价方法	视频、照片	
任务分工及执行情况						
总结						
心得体会						
自我评价		优秀□　　良好□　　及格□　　不及格□				
同学评价		优秀□　　良好□　　及格□　　不及格□				
教师评价		优秀□　　良好□　　及格□　　不及格□				

模块三　专业劳动技能

项目九
财经商贸专业劳动技能

任务一 校园拍卖会活动策划

学习目标

1. 对学生的创意、策划、写作、传播等专业能力进行一次综合训练。
2. 让学生体验、熟悉文化活动策划与执行的工作流程。
3. 让学生了解文化项目运作的工作内容。
4. 培养学生团队协作能力，增强合作精神。

学习任务

1. 文化创意与策划专业全体学生模拟组建拍卖公司，策划并组织一场校园拍卖会，征集校园原创作品和各类文化艺术品为拍品。
2. 模拟专业拍卖公司的机构设置，将学生分到四个部门，包括策划部、市场部、宣传部和执行部，每个部门明确分工和任务，由专业老师指导。

任务导入

一场特殊的"拍卖会"在周口师范学院校园内举行。由爱心企业免费提供商品，学校搭建拍卖平台，以"拍卖会"的形式为贫困大学生筹款。

活动当日 15 时许，记者在"拍卖会"现场看到，手机、理发店和眼镜店的优惠卡、各种饮品等摆满了展台。主持人宣布开始拍卖后，参与活动的 500 多名师生竞相出价，价值 10 多元的 T 恤衫被人以 50 元的价格拍走；原价 238 元的手机最后以 350 元成交；一个价值

10 多元的抱枕也卖了 60 多元……

"拍卖会"进行了约 2 个小时，所有商品被抢拍一空，共筹得资金 4000 余元。"这笔资金用将归入院学生会爱心基金会，用于救助贫困大学生。"周口师院团委副书记张昱说。

据了解，周口师范学院学生会成立了"阳光校园爱心基金会"，旨在帮助困难大学生。该基金会通过举办义演、募捐等方式筹得资金 7 万余元，资助全学院各教学院系贫困学生 200 多名。

这不仅能增强全院师生互帮互助、团结友善的社会公德心，也能帮助家庭贫困的学生。

你知道拍卖会要如何举办、举办拍卖会需要具备哪些知识吗？

知识储备

一、拍卖活动策划

(一)什么是拍卖

拍卖是专门从事拍卖业务的拍卖行接受货主的委托，在规定的时间与场所，按照一定的章程和规则，将要拍卖的货物向买主展示，公开叫价竞购，最后由拍卖人把货物卖给出价最高的买主的一种现货交易方式。图 9-1-1 所示为拍卖的基本原理。

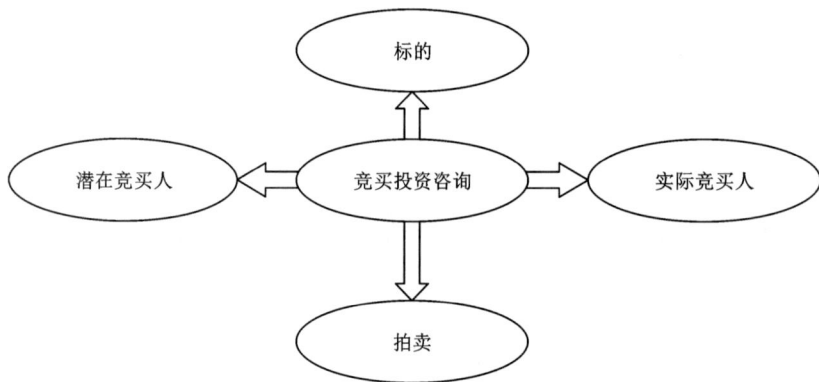

图 9-1-1　拍卖的基本原理

(二)拍卖有哪些形式

(1)英格兰式拍卖。

它也称"增价拍卖"或"低估价拍卖"，是指在拍卖过程中，拍卖人宣布拍卖标的的起叫价及最低增幅，竞买人以起叫价为起点，由低至高竞相应价，最高竞价者三次报价无人应价后，响槌成交。但成交价不得低于保留价。

(2)荷兰式拍卖。

它也称"降价拍卖"或"高估价拍卖"，是指在拍卖过程中，拍卖人宣布拍卖标的的起拍价及降幅，并依次叫价，第一位应价人响槌成交，但成交价不得低于保留价。

（3）密封递价式拍卖。

它又称招标式拍卖，是由买主在规定的时间内将密封的报价单（也称标书）递交拍卖人，由拍卖人选择买主。和上述两种方式相比较，这种拍卖方式有以下两个特点：一是除价格外，还可能有其他交易条件需要考虑；二是可以采取公开开标方式，也可以采取不公开开标方式。拍卖大型设施或数量较大的库存物资或政府罚没物资时，可能采用这种方式。

（4）标准增量式拍卖。

这是一种拍卖标的数量远大于单个竞买人的需求量而采取的一种拍卖方式（此拍卖方式非常适合大宗积压物资的拍卖活动）。卖方为拍卖标的设计一个需求量与成交价格的关系曲线，竞买人提交所需标的的数量之后，如果接受卖方根据他所需的数量而报出的成交价即可成为买受人。

（5）维克瑞式拍卖。

它也称为第二价格密封拍卖。这种拍卖方式与首价密封拍卖基本相同，区别仅在于胜出者需要支付的价格是第二高的报价，而不是他自己的报价。这与易趣网所使用的代理人竞价系统相似，在这个系统中，胜出者需要支付第二高的报价，再加上报价的增额（如10%）。

（6）速胜式拍卖。

这是增价式拍卖的一种变体。拍卖标的物的竞价也是按照竞价阶梯由低到高依次递增，不同的是，当某个竞买人的出价达到（大于或等于）保留价时，拍卖结束。

（7）反向拍卖。

反向拍卖也叫拍买，常用于政府采购、工程采购等。采购方提供希望得到的产品的信息、需要服务的要求和可以承受的价格定位，卖家之间以竞争方式决定最终产品提供商和服务供应商，从而使采购方以最优的性能价格比实现购买。人成为买受人。

（8）定向拍卖。

这是一种为特定的拍卖标的物而设计的拍卖方式，有意竞买者必须符合卖家所提出的相关条件，才可成为竞买人参与竞价。

（三）拍卖策划的理论基础

（1）标的营销策划——市场营销理念。

它通过定性预测、市场调研、市场定位、包装组合和整合宣传，从而找到目标市场并向目标市场传达有效信息。

（2）竞买投资咨询——理性经济人假定。

经济学建立在"理性经济人"这个重要假定上，即认为经济活动中的人们是理性的。理性经济人以追求自身利益最大化为主要原则。拍卖关系中，委托人、拍卖人和竞买人在拍卖活动中均遵循理性经济人原则。

（3）拍卖动态策划——控制论与博弈论。

拍卖动态策划以控制理论为基础，模拟全面而动态的拍卖控制系统，着重对变量进行预测，力求防患于未然，为模拟拍卖保驾护航。博弈论又称对策论，站在拍卖人的观点，主要是就拍卖事件这个"动态的事"的另一个主要参与方即竞买人的整体策略选择，作出多种可能性预测，选择最优方案并提出预备方案。因博弈论综合了各类因素和强调方案的多样性，使得拍卖操作更为理性和客观，利于拍卖人稳扎稳打，做好个案策划，顺利实现标的市场价值。

二、营销推广

图 9-1-2 所示为标的营销推广五大系统。

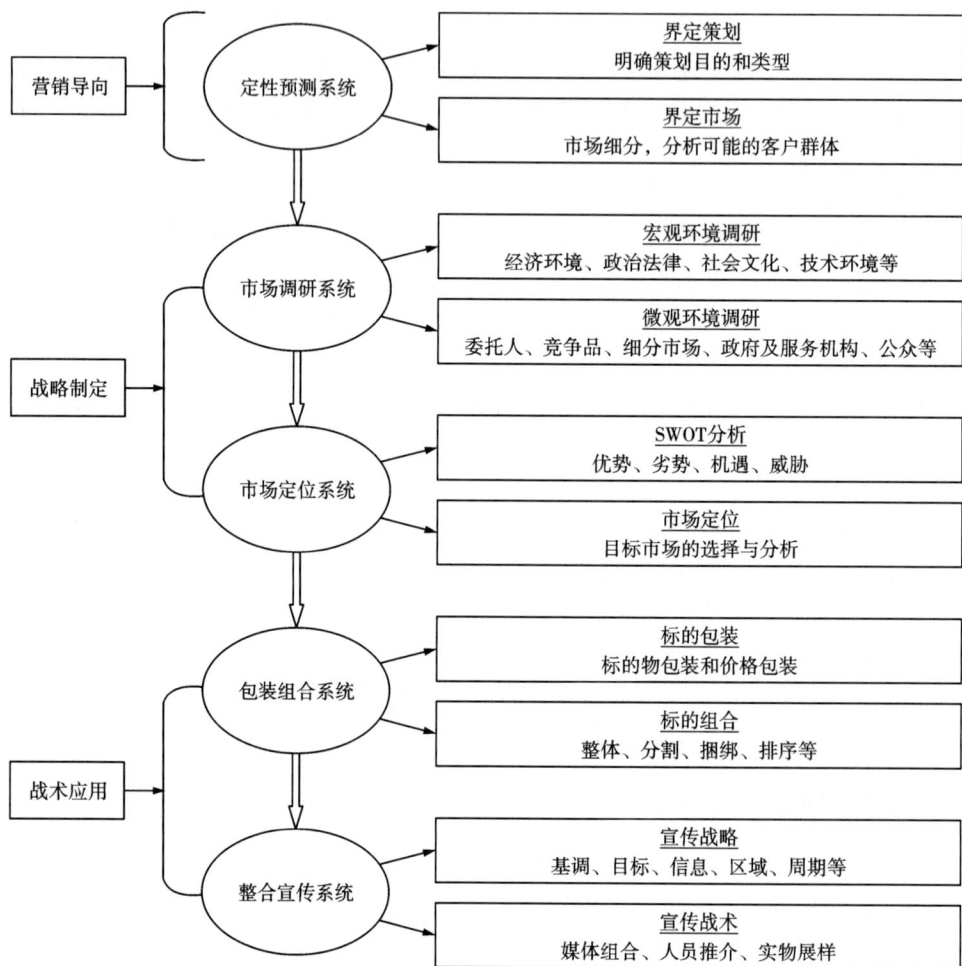

图 9-1-2 标的营销推广五大系统

(一) 宣传形式

①新闻：具有传播面广、可信度高、舆论导向性强等优点，多用于造势期以及拍卖结束后的宣传。

②公告：是法定的和正规的拍卖宣传形式，传播面广、可信度高、公示性强，作为拍卖实施的启动标志而出现。

③广告：按信息的性质和组配方式分为硬广告和软广告，内容与形式的灵活性均较强，是公告的有效辅助宣传形式。

④其他。

(二)媒体组合

1.广告媒体

①公用媒体是大众媒体的统称。公用媒体信息传播较广，往往覆盖了目标群体的范围。拍卖活动中常用的公用媒体有报纸媒体、电视媒体、网络媒体、户外广告媒体以及邮寄广告媒体等。

②专业媒体是面向特定顾客群体的媒体，既包含公用媒体范畴内的细分媒体(如专业报纸)，也包含拍卖企业依据实际需要自主运用的媒体。专业媒体在拍卖宣传中的作用是不可替代的，这是因为：专业媒体的针对性强，广告效果更明显；受生活习惯的影响，有不少客户对公用媒体的依赖性差，信息接触较少。

2.人员推介

人员推介是点式的宣传方式，因是面对面的交流，更便于深度沟通。为了使此类宣传更有效，它一般是根据已有或发现的目标客户进行宣传。其主要的目标客户来源如下：

①委托方或与顾客相关机构提供的名单。

②拍卖企业自身的客户资源库。

③以广告宣传的成效为基础，利用来电显示进行积极回访。

3.实物展样

实物展样是拍卖公告必要的补充宣传方式，它向客户传达实实在在的标的面貌，给予其最直观和最切实的感受。拍卖宣传资料中常标明"请竞买人实物看样，否则责任自负"的字样，这一点足以证明整合宣传中实物展样的必要性和重要性。

三、成立拍卖公司

(一)设立拍卖企业应当具备的条件

①有100万元人民币以上的注册资本。

②有自己的名称、组织机构、住所和章程。

③有与从事拍卖业务相适应的拍卖师和其他工作人员。

④有符合本法和其他法律法规的拍卖业务规则。

⑤有公安机关颁发的特种行业许可证。

⑥符合国务院有关拍卖业发展的规定。

⑦法律、行政法规规定的其他条件。

(二)拍卖公司注册时间、步骤及办理流程

1.核准名称

①时间：1~3个工作日。

②操作：确定公司类型、名字、注册资本、股东及出资比例后，可以去工商局现场或线上提交核名申请。

③结果：核名通过。如果失败则需重新核名。

2. 提交材料

①时间：5~15 个工作日。

②操作：核名通过后，确认地址信息、高管信息、经营范围，在线提交预申请；在线预审通过之后，按照预约时间去工商局递交申请材料。

③结果：收到准予设立登记通知书。

3. 领取执照

①时间：预约当天。

②操作：携带准予设立登记通知书、办理人身份证原件，到工商局领取营业执照正、副本。

③结果：领取营业执照。

4. 刻章等其他事项

①时间：1~2 个工作日。

②操作：凭营业执照，到公安机关指定刻章点办理公司公章、财务章、合同章、法人代表章、发票章。至此，模拟拍卖公司注册完成。

任务实施

一、成立模拟拍卖公司

(一) 准备好材料

①100 万元人民币以上的注册资本。
②公司名称、组织机构、处所和章程。
③拍卖师和其他工作人员名册。
④拍卖业务规则。
⑤公安机构颁发的特种行业许可证。
⑥有关拍卖业发展的规定。

(二) 拍卖公司办理流程

①核准名称：确定公司类型、名称、注册资本、股东及出资比例后，去模拟工商局现场或线上提交核名申请。

②提交材料：确认地址信息、高管信息、经营范围，在线提交预申请；在线预审通过之后，按照预约时间去工商局递交申请材料；收到准予设立登记通知书。

③领取执照：携带准予设立登记通知书、办理人身份证原件，到工商局领取营业执照正、副本。

④刻章等其他事项：凭营业执照，到公安局指定刻章点办理公司公章、财务章、合同章、法人代表章、发票章。至此，模拟拍卖公司注册完成。

二、拍卖方案设计

(一) 确定负责小组

由策划部、市场部、宣传部以及执行部组成拍卖小组。

(二) 确定活动主题

(三) 具体分工

策划部：负责整场拍卖会的创意策划工作，撰写活动策划方案和拍品介绍。
市场部：负责招商引资事宜，包括征集拍品、联系赞助合作单位等。
宣传部：负责拍卖会的宣传工作，包括制作宣传片、设计制作宣传海报、写作新闻稿件等。
执行部：负责拍卖会现场的布置和执行工作，包括拍卖会的接待、礼仪和现场秩序管理等。

(四) 实施过程

实施过程具体安排如表 9-1-1 所示。

表 9-1-1　拍卖实施过程具体安排

时间	地点	负责人	具体内容
周一	教学楼	×××	上午：召开拍卖会倒计时动员大会——全体学生与指导老师参加，进一步明确拍卖会的具体执行事宜，对各部门工作进行协调 下午：场地排练
周二	教学楼	×××	各部门分头完成各自的具体任务，包括： 市场部：确定所有拍品，邀请合作机构出席活动； 策划部：完成拍品介绍，制作现场 PPT； 宣传部：制作并发放宣传海报或宣传单，制作 H5，制作请柬； 执行部：会场布置、礼仪排练、拍卖师和主持人排练
周三	教学楼	×××	上午：各部门继续完成筹备工作 下午：拍卖会彩排，各部门工作人员各就各位
周四	办公室	×××	对照彩排情况修改流程，完善细节，检查现场 PPT、音乐、视频等文件
周五	教学楼	×××	上午：拍卖会执行 下午：各部门完成后续工作，包括拍卖物资清点、宣传稿的写作、现场影像资料后期制作等；召开总结大会，所有学生交实训总结，老师完成实训鉴定，对此次综合实训进行总结

以"一次世纪般的漫游，找寻一场'星'动"小型校园拍卖会为例展示拍卖会执行过程

（表 9-1-2）。

此场拍卖会主要内容：进行 12 件拍品的拍卖，展示文创专业的专业风采。

表 9-1-2　小型校园拍卖会执行过程示例

时间	活动环节	具体内容
7：00-8：00	活动前准备	布置内外会场，检查设备
9：00-9：30	迎宾	①礼仪引导参加者有序签名并发放伴手礼； ②拍卖师、安保、PPT 播放人员就位
9：30	开场	播放宣传片
9：40—12：00	正式开场	①主持人发表讲话，介绍嘉宾； ②领导致辞
	开场秀表演	①关灯，开启星空灯投影； ②表演展示（rap+舞蹈）
	第一场 （寻忆）	①主持人引入，第一位拍卖师上台； ②礼仪有序进场展示暖色系四件拍品并拍卖（湘绣三件套、小熊维尼黑胶唱片、油纸伞、碗）
	第二场 （寻新）	①主持人引入，第二位拍卖师上台； ②礼仪有序进行亮色系四件拍品展示并拍卖（电影药丸、盲盒棉花娃娃、卡西欧海贼王联名手表、滑板）
	第三场 （寻梦）	①主持人引入，第三位拍卖师上台； ②礼仪有序进行冷色系四件拍品展示并拍卖（星空投影灯、香薰、蓝牙音箱、相机）
12：00	拍卖结束	主持人宣布结束，现场人员有序退场

任务评价

考核方式为评分考核，总分 100 分（工作效果 60 分，实训过程中的表现 40 分），各部门负责人由指导老师评分，部门工作人员由指导老师结合组内自评评分。本实训计入相关课程的实践成绩，具体比重由各课程教师自行掌握。

能力拓展

学生实训成绩登记表、实训鉴定表、实训总结。

项目九　　　　　　　　　　　　　任务卡1

班级	姓名	组号	学号	时间

任务	校园拍卖会活动策划	评价方法	视频、照片

任务分工及执行情况	
总结	
心得体会	

自我评价	优秀□　　良好□　　及格□　　不及格□
同学评价	优秀□　　良好□　　及格□　　不及格□
教师评价	优秀□　　良好□　　及格□　　不及格□

任务二 办公区域管理

> **学习目标**
>
> 1. 了解办公区域的科学管理标准。
> 2. 学会办公区域物品的摆放技巧。
> 3. 能够独立摆放好办公区域物品。
> 4. 树立科学规范严谨的工作态度。

> **学习任务**
>
> 在充分了解办公区域的科学管理标准后，学会办公区域物品的摆放技巧，并利用闲暇时间帮助周边企业或学校内部的办公区域进行清洁与整理。

任务导入

为营造一个整洁、舒适、安全、有序的办公环境，规范和培养员工的良好行为和习惯，提高工作效率，维护公司良好形象，创造良好的企业文化氛围，有必要在上岗前学习办公区域管理标准和物品摆放规范等。

任务准备

1. 准备办公用品。
2. 准备办公区域装饰品。

任务实施

一、办公室公共区域物品摆放

①办公室公共区域只摆放必需物品，不准堆放杂物及私人物品，不得影响过道通畅。若临时放置则须摆放整齐并及时移除。

②公共物品使用后要及时放回原位，摆放整齐。

③储物柜顶部，原则上不摆放任何物品，若放置少量物品则要摆放整齐。

④饮水机放置在靠近电源的指定地点，不得随意移动。

⑤暖气片上不得放置任何物品。

⑥每天最后一位员工离开办公室时，应关闭空调、风扇等电器设备，关好门窗。

⑦各办公室扫把、拖把等放至办公室角落，垃圾桶置于桌面下方隐蔽处。

建议：各办公室自觉遵守以上规定，遵从单位统一管理，不搞个人主义，并成立考核小组——由该办公室负责任人任组长，该办公室的值日组长和中层干部担任考核成员。每天记录一次、每月进行一次考核，若是因个人的办公物品摆放混乱而影响办公室的整体美观，考核结果为不合格的，将对责任人提出批评。

二、办公桌面物品摆放

①办公桌面摆放电话、电脑、笔筒、水杯、文件框、日历等办公必需品及绿色植物等少许装饰品，其他物品尽可能放在抽屉中，所有物品摆放整齐。茶杯统一放在办公桌面的右上角(根据办公桌上的计算机显示器位置安排，由办公室负责人决定)。

②计算机显示器与桌面呈30°放在办公桌的左侧(要求同排办公桌上的计算机显示器摆放保持一致)，主机置于办公桌下。

③办公桌隔板或临近的墙面上不可张贴、悬挂各种宣传画、年历、资料、备忘卡片等影响办公室美观的物件。

④办公桌抽屉等私人空间，按照各办公室内部要求或者个人习惯，分门别类存放物品，整理整齐。

⑤下班或长时间离开工位时，桌面物品要归位、摆放整齐，手头文件等临时物品不得留在桌面上，保密物品放于抽屉内上锁。

三、办公椅摆放

①在公司范围内(会议室、个人工位或其他位置等)，起身离开时，办公椅要及时归位，若短暂离开也应将其归位。将办公椅推靠近办公桌下中间放脚处，椅背贴桌面平行。

②无人工位椅请勿随意搬移或旋转，保持定位摆放。

③公司所有办公椅在无人使用时，都应定位摆放(图9-2-5)。

四、文件存放

①文件架一律放在办公桌左(右)方(两张办公桌隔板内侧)，文件放置要整齐有序，文件资料、书籍、笔记本看完后均要放回文件架。常用的文件放于文件架中，不常用的文件等要放入抽屉，私人物品要放置于抽屉里。

②文件按类别存放，摆放整齐，并标记清楚。

③存放在不透明储物柜中的文件、样品等物品，要在储物柜上标注相应名称、类别等。

④新文件、样品等要及时按照要求归类存放。

图 9-2-5　办公椅摆放

任务评价

1. 整理办公室并拍照分享成果。

2. 讨论整理的技巧。

3. 写出整理心得。

能力拓展

1. 帮助老师整理讲台上的物品。

2. 寻找机会参加一项学校组织的义工活动，帮助周边企业或学校内部的办公区域进行清洁与整理，并努力坚持一个学期，随时记录自己的活动心得。

项目九

任务卡 2

班级	姓名	组号	学号	时间

任务	管理实习所在办公区域或自己的宿舍学习区域	评价方法	视频、照片

任务分工及执行情况	

总结	

心得体会	

自我评价	优秀□ 良好□ 及格□ 不及格□
同学评价	优秀□ 良好□ 及格□ 不及格□
教师评价	优秀□ 良好□ 及格□ 不及格□

项目十
动漫与艺术设计专业劳动技能

任务一 "景观种子"课程展策划活动

学习任务

在充分了解展览活动项目运作的工作内容后，掌握展览活动策划与执行的工作的流程，利用课余时间为环境艺术专业布置课程展，通过精心的布展活动，将充分地诠释"景观种子"课程的主题——因为有梦，风雨同行。每一个微景观作品中都融入了环境艺术专业所学知识，无论是对庭院景观的理解与再诠释，还是对中国元素的再创造，以及现代景观的各种风格在微小器皿中的具象或抽象表达，都将为师生展现不一样的艺术景观视角。

任务导入

将不同的微景观作品，结合活动主题，结合布展场地的整体环境，选择合适、优美的展现视角，以最舒适的方式让参观者欣赏整个展览。

任务准备

征集作品：作品提交时间；提交地点；作品内容要求；作品类型(国画、装饰画、艺术作品等)。本次展出的是微景观作品。

活动主题：本次活动主题为"景观种子"。

我们心中孕育着一颗景观的种植，她引领着我们欢聚一堂。让我们沉迷于景观设计，我们在渴望和坚持中成长。无论面对何种困境和坎坷，我们都将铿锵高歌、激情飞扬。没有人天生如此，只是我们有梦，所以我们风雨同行。

任务实施

一、人员分配

1.确定负责小组
由班级同学分组成立策划小组、宣传小组及执行小组。

2.人员分工
策划小组：负责展览活动的创意策划工作，包括撰写活动策划方案和记录全程的展出效果等工作(4人)。

宣传小组：负责展览活动的宣传工作，包括设计和制作宣传海报、拍照记录、新闻稿件写作等工作(6人)。

执行小组：负责展览活动现场的布置和执行工作，包括场地的布置、经费的控制、展览活动的接待与解说、现场秩序管理和作品保管等工作(16人)。

二、前期宣传工作

海报宣传：由宣传小组根据时间、地点等内容制作海报并张贴于学校指定橱窗或食堂等醒目处。

媒体宣传：在校园广播台播音宣传，通过广播把此次活动的具体举办时间和内容提前告知全校师生。

网络宣传：通过相关的网站、平台、朋友圈等网络媒介，进行可视化的预告。

口头宣传：宣传小组成员对接各个学院的宣传部门，在学院、班级、宿舍和朋友间相互宣传。

三、中期安排

1.评选作品
从征集来的作品中选出若干个优秀的作品参展。

为坚持公平公正的原则，作品的评选将由负责的老师组织评定。

2.作品要求

作品载体形式不限,可以是器皿,也可是废弃的回收物等。

创意突出者优先选用。

作品必须是作者自行完成的创作,如发现有代笔者取消参评资格。

3.作品整理

选中的作品,将由学院统一出资表框。

参展的作品将由执行小组统一妥善保管。

4.展厅具体布置

作品采用"实物+展板"的形式呈现,实物的呈现更加生动直观,展板的呈现记录了作品完成的精彩过程,以便于参观者更加直观和深入地了解作品的由来与文化内涵。

对作品的展出位置进行合理布局(附手绘布局图)

四、展出的流程

①展出时间:20××年×月××日 9:00—20××年×月××日 17:00

②展出地点:视觉艺术学院一楼大厅

③实施过程:具体安排如表10-1-1所示。

表 10-1-1　课程展实施具体安排

时间	地点	负责人	具体内容
第一天	视觉艺术学院一楼大厅	陈同学	策划小组:在此之前完成所有的策划工作。 宣传小组:在此之前完成所有的宣传工作。 执行小组:布置好展览场地,包括场地的布置、作品的布置及主题海报的布置等(图10-1-1)
第二天		王同学	执行小组:再次确认展出工作,准备开展。 策划小组:负责记录展出效果(图10-1-2)。 宣传小组:负责全程的拍照记录工作,为后续的新闻搞撰写积累素材。 执行小组:负责展览活动的接待与解说、现场秩序管理、作品保管等工作,并清理现场
第三天		李同学	执行小组:清点展品,准备开展。 策划小组:负责记录展出效果。 宣传小组:负责全程的拍照记录工作,为后续的新闻搞撰写积累素材。 执行小组:负责展览活动的接待与解说、现场秩序管理等工作。 全体人员:负责撤展、清点相关物品等工作

图 10-1-1　展览场地布置

图 10-1-2　部分展品呈现效果

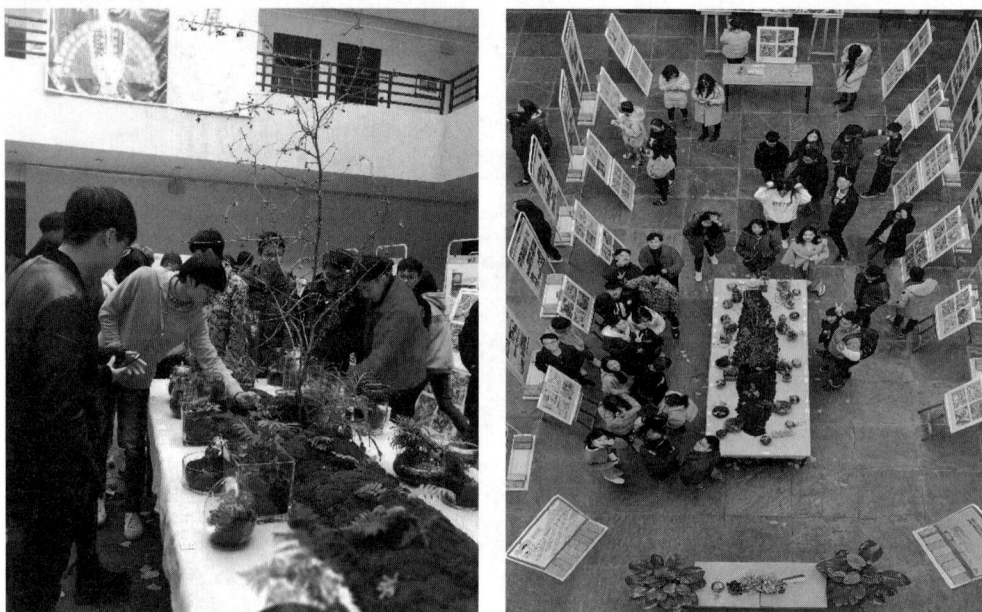

图 10-1-3 参观者如潮

任务评价

1.各小组分工完成后续工作，包括宣传稿的写作、现场影像资料后期制作和作品归还等。

2.召开展后总结大会，就宣传力度、展出效果、遇到的突发问题及改进措施等进行讨论和总结，教师对此次实训进行点评和总结。

能力拓展

与各个学院保持密切联系，寻找机会为有布展需求的学院、专业或班级布置展览。

项目十

任务卡

班级	姓名	组号	学号	时间

任务	"景观种子"课程展策划活动	评价方法	视频、照片、文字

任务分工及执行情况	

总结	

心得体会	

自我评价	优秀□　　良好□　　及格□　　不及格□
同学评价	优秀□　　良好□　　及格□　　不及格□
教师评价	优秀□　　良好□　　及格□　　不及格□

项目十一
跨文化传播专业劳动技能

任务一 "粽里寻她·文化优享"茶会活动策划

学习目标

1. 通过茶会设计来提升学生对茶叶冲泡基础技能知识的运用。
2. 古人云"茶能养性",希望通过茶会的组织让学生对茶文化有所感悟。
3. 为休闲服务与管理专业的学生提供一个学习和交流茶会组织与策划的平台,弘扬我国优秀茶文化。
4. 培养学生团队协作能力,增强合作精神。

学习任务

1. 休闲服务与管理专业全体学生将模拟策划并组织一场以"端午节"为主题的茶会,邀请8~10名师生参与、欣赏、品茶、会友、传情。
2. 模拟专业茶艺馆的机构设置,将学生分到四个部门,包括策划部、礼仪部、后勤部、市场部,每个部门明确分工和任务,由专业老师指导。

任务导入

扶贫故事:一片叶子富了一方百姓

2003年4月,时任浙江省委书记的习近平在安吉县黄杜村考察白茶基地,对黄杜村因地制宜发展茶产业的做法给予充分肯定,他发出了"一片叶子富了一方百姓"的由衷赞叹。

十多年来，荒山变茶山，茶山变金山银山，如图 11-1-1 所示。一片叶子不仅富了一方百姓，如今更是造福了四方百姓。2018 年 4 月，浙江安吉黄杜村 20 名农民党员给习近平总书记写信，汇报村里种植白茶致富的情况，提出捐赠 1500 万株茶苗帮助贫困地区群众脱贫。川湘黔 3 省 4 县的 34 个建档立卡贫困村成为受捐地。2018 年 10 月，从浙江省安吉县溪龙乡黄杜村运出的首批安吉白茶"扶贫茶苗"，抵达青坪村。青坪村是青川县最大的白茶基地。白茶见证着青川脱贫攻坚历程，也成为浙川两地沟通交流的纽带，书写着"一片叶子富了一方百姓"的故事。

茶，是中国最具代表性的文化之一。千百年来，茶文化几经传承、历练、蜕变，焕发出别样的光彩和魅力。端午节与春节、清明节、中秋节并称为中国四大传统节日。端午喝茶可上溯于春秋战国时期。每逢端午佳节，百姓上山采选百草，晾匿家中常年备饮，以防病健身、美容养颜、防暑解渴、辟秽驱邪。后来人们将此茶直呼为"端午茶"。古往今来每逢端午佳节，就有约三五知己好友品茶论道的风俗，寓意家庭和睦、共襄端午好时节。

休闲服务与管理专业的同学们，你知道茶会要如何举办、举办茶会需要具备哪些知识吗？让我们一起携手，共同策划一场涤荡心灵、美化生活、促进和谐、以"端午节"为主题的茶会吧！

图 11-1-1　浙江省安吉县茶农采茶照片

知识储备

一、茶会

(一)什么是茶会

茶会,中甸藏语称"扎礼",意为请人喝酥油茶聚会,是中甸藏族青年自发举行的赛歌晚会。茶会,旧时生产风俗,为一种聚众护山茶的活动。它现代多指以茶或茶点来招待,由人们自愿参加的一种社交性聚会形式(图11-1-2)。

图 11-1-2 茶会现场照片

(二)茶会的分类

1. 节日茶会

节日茶会又分为现代节日茶会和传统节日茶会。现代节日茶会有国庆茶会、五一茶会、妇女节茶会、八一茶会、新年茶会等。传统节日茶会有迎春茶会、端午茶会、中秋茶会、重阳茶会等。

2. 纪念茶会

纪念茶会是为纪念某项重大事件而举行的茶会。如五四茶会,是为了纪念五四运动而举行的茶会;七一茶会,是为了纪念中国共产党的生日所举行的茶会;等等。其他纪念茶会有香港回归祖国周年茶会、公司成立周年茶会等。

3. 研讨茶会

研讨茶会,一般多为学术部门和学术团体举办,如"茶与健康学术研讨茶会""陆羽生平学术研讨茶会""WTO与中国经济腾飞学术研讨茶会"等。

4. 品茗茶会

品茗茶会是产茶区在新茶采摘时所举行的一种带有尝新性质的品茗茶会，如"西湖龙井品茗茶会""信阳毛尖品茗茶会"等。

5. 推广茶会

推广茶会一般指为某种产品、文化艺术品或某种带有商业或公益性质的活动而举办的宣传、推广、介绍性茶会，如"化妆品推介茶会""新书发行茶会""埃及新线路五日游介绍茶会"等。

6. 喜庆茶会

喜庆茶会是指为庆贺某一事件而举行的茶会，如结婚喜庆茶会、生日茶会、寿诞茶会、新楼落成茶会、新厂搬迁茶会等。

7. 联谊茶会

联谊茶会是指为加强联系、增加友谊而举办的茶会，如"江西知青联谊茶会""欧美同学联谊茶会"等。

8. 交流茶会

交流茶会是为切磋某项技艺、交流某种经验而举办的茶会，如"中国古茶道表演交流茶会""茶点制作经验交流茶会""海峡两岸茶艺交流茶会""少儿茶艺交流茶会""国际茶文化交流茶会"等。

9. 艺术茶会

艺术茶会是为某种艺术门类作品的观赏、展现、表达而举办的茶会，如新诗朗诵茶会、书法茶会、插花茶会、古琴演奏茶会等。

10. 无主题茶会

无主题茶会特指在某一地点、时间举行，无具体目的，纯属交流感情的茶会，如"北山大茶会""二月茶会""七里桥茶会"等。

11. 形式茶会

形式茶会是指茶会的目的、内容、举办的方法及过程，是通过一定的规定形式来进行的茶会，如佛教中的茶礼、台湾的"无我茶会"等。

二、"粽里寻她·文化优享"茶会的基本流程

1. 签到净手（用自制端午主题信纸签到）

2. 抽签入席（抽签选座）

3. 倒迎客茶（冷泡碧潭飘雪）

4. 茶会开始

（1）上半场。

①主持人开场讲话（茶会缘起、入席须知）；

②茶友相识（茶友作自我介绍）；

③主持人介绍接下来的茶会流程；

④静心冥想（在舒缓的轻音乐下闭目静心）；

⑤冲泡第一道茶（冲泡并介绍茶品）；

⑥茶品：绿茶；

⑦茶歇时分，用茶点——粽子。

（2）下半场。

①击鼓传花（鼓停时手拿花者回答一个关于端午节小常识的问题）；

②冲泡第二道茶（冲泡并介绍茶品）；

③茶品：2010年老白茶、2010年陈皮（冲泡三次后加陈皮煮饮）；

④白茶的保健功效及更多品饮方法的讲解；

⑤茶友自主交流。

5. 合影留念

6. 茶会结束

```
签到净手 → 抽签入席 → 倒迎客茶 → 茶会开始 → 合影留念 → 茶会结束
```

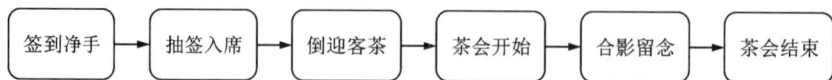

图 11-1-3 茶会的基本流程图

三、"粽里寻她·文化优享"茶会的实施流程

（一）茶会环境设计

①茶席搭建：根据"粽里寻她·文化优享"的"端午节"主题茶会内容设计茶席，主要元素有粽叶、龙舟、粽子、艾叶等。因茶会人数为10人左右，因此仅设一席，环境布置如图 11-1-4 所示。

图 11-1-4 茶会环境布置设计现场

②背景音响系统：提前预演茶会音乐转场、背景音乐，确保音响系统正常运行。

③现场水电供应：确保活动场地供电充足，提前准备充足饮用水。

④茶具以及泡茶辅器准备：注重茶具美学的应用，因茶、因人、因艺选择适合的茶具及其辅器（如茶桌、桌布、茶巾、茶席等）。

(二)茶会音乐的选择

因本次节日茶会主题清新,因此茶艺背景音乐风格以舒缓的轻音乐为主,例如《天行九歌》《大鱼》《茶道》等。

(三)茶会主持

①选择形象气质与"粽里寻她·文化优享"主题茶会风格相匹配的主持人和主泡人。

②设计与"粽里寻她·文化优享"主题茶会风格相统一的茶艺服装和茶艺妆容(图11-1-5)。

③撰写"粽里寻她·文化优享"主题茶会的主持词。根据茶会流程,全程主持茶会。

图11-1-5 茶会主持现场照片

参考主持解说词:《玻璃杯绿茶茶艺》

今天是端午佳节,咱中国是端午节的故乡,同样也是茶的故乡。茶性纯洁,客来敬茶,是我们中华民族的优良传统。今天,我们茶艺馆,特邀请各位茶友,共度佳节,共赏茶艺,共享佳话。请多多指教!

第一道 焚香除妄念

第二道 冰心去凡尘

将干净的玻璃杯再烫洗一次,去尘静心。

第三道 玉壶养太和

凉汤,因绿茶茶叶过于细嫩,不能用沸水冲泡,要等茶凉到85℃左右。

第四道 清宫迎佳人

(赏茶)戏作小诗君勿笑,从来佳茗似佳人。用茶匙将茶叶拨取到玻璃杯中,每杯3~5g即可孕育最美茶味。

第五道 甘露润莲心

向杯中注入约三分之一容量的热水,以润茶。

第六道 凤凰三点头

泡茶讲究凤凰三点头——三起三落、三高三低、三粗三细,好似凤凰向宾客再三点头,以表敬意。

第七道　碧玉沉清江

看茶叶在玻璃杯中的沉浮姿态。

第八道　观音捧玉瓶　奉茶

第九道　春波展旗枪

请大家细细欣赏在热水的浸泡下，绿茶所展示出的优美茶姿、茶舞。

第十道　慧心悟茶香　闻香

第十一道　淡中回至味　品茶

第十二道　自斟乐无穷　谢茶

(四)茶会礼仪展示

在行礼时，行礼者应该怀着对对方的真诚敬意行礼。行礼应保持适度、廉合，将从内心深处发出的敬意体现到这一礼仪中，包括眼睛的视角、动作的柔和、连贯、摆动的幅度等。

茶艺表演中的位置、顺序、动作，包括主泡、助泡的位置，出场进场的顺序，行走的路线，行走的动作，敬茶、奉茶的顺序以及动作，客人的位置，器物进出的顺序，摆放的位置，器物移动的顺序及路线等。人们往往注意移动的目的地，而忽视了移动的过程，而这一过程正是茶艺表演与一般品茶的明显区别之一。这些位置、顺序、动作所应遵循的原则是合理性、科学性，符合美学原理及遵循茶道精神"和、敬、清、寂""廉、美、和、敬"，符合中国传统文化的要求。

任务实施

一、成立模拟茶艺馆

(一)准备好材料

①100万元人民币以上的注册资本。

②公司名称、组织机构、处所和章程。

③茶艺师和其他工作人员名册。

④茶艺业务规则。

⑤公安机关颁发的特种行业许可证。

⑥有关茶艺业发展的规定。

(二)茶艺馆办理流程

①核准名称：确定公司类型、名称、注册资本、股东及出资比例后，去模拟工商局现场或线上提交核名申请。

②提交材料：确认地址信息、高管信息、经营范围，在线提交预申请；在线预审通过之后，按照预约时间去工商局递交申请材料；收到准予设立登记通知书。

③领取执照：携带准予设立登记通知书、办理人身份证原件，到工商局领取营业执照正、副本。

④刻章等事项：凭营业执照到公安局指定刻章点办理公司公章、财务章、合同章、法人代表章、发票章。至此，模拟茶艺馆注册完成。

二、"粽里寻她·文化优享"茶会方案设计

(一)确定负责小组

由策划部、礼仪部、后勤部、市场部组成"粽里寻她·文化优享"茶会小组。

(二)确定活动主题

活动主题为"粽里寻她·文化优享"。

(三)具体分工

策划部：负责确定茶会主题、茶会设计风格，选择茶会举行的时间和地址；规划茶会的具体流程，时间安排；负责整场茶会的创意策划工作，撰写活动策划方案；召开茶会动员大会、全局统筹等。

礼仪部：负责撰写主持解说词、主持、主泡、茶艺服装、茶艺妆容设计、茶艺展示、游戏互动设计、茶点分配、品茶指导等事宜。

后勤部：负责茶会的环境、茶席布置，包括茶具、辅具、茶叶、茶点(粽子)、制作签到卡、游戏道具、茶艺音乐的选择以及播放等事宜。

市场部：负责采购和发放小礼品、邀请茶友、宣传、撰写新闻稿、迎宾、送客等事宜。

(四)实施过程

实施过程具体安排如表 11-1-1 所示。

表 11-1-1 "粽里寻她·文化优享"茶会实施过程安排

时间	地点	负责人	具体内容
周一	教学楼	×××	上午：召开"粽里寻她·文化优享"茶会倒计时动员大会——全体学生与指导老师参加，进一步明确茶会的具体执行事宜，对各部门工作进行协调。 下午：场地排练
周二	教学楼	×××	各部门分头完成各自的具体任务，包括： 策划部：完成茶会方案。 礼仪部：撰写主题主持词，确认主持人、主泡人；选择茶艺服，设计茶艺妆容。 后勤部：设计和布置会场茶席，确保场地水电供应，准备茶具、辅具、茶叶、茶点等。 市场部：采购物资，制作并发放宣传海报或宣传单，制作请柬等，邀请茶友出席活动

续表

时间	地点	负责人	具体内容
周三	教学楼	×××	上午：各部门继续完成筹备工作。 下午：茶会彩排，各部门工作人员各就各位
周四	办公室	×××	对照彩排情况，修改流程，完善细节，检查音乐、视频等文件
周五	教学楼	×××	上午："粽里寻她·文化优享"茶会执行。 下午：各部门完成后续工作，包括后勤物资清点、宣传稿的写作、现场影像资料后期制作等；召开总结大会，所有学生交实训总结，老师完成实训鉴定，对此次综合实训进行总结

任务评价

考核方式为评分考核，总分100分（工作效果60分，实训过程中的表现40分），各部门负责人由指导老师评分，部门工作人员由指导老师结合组内自评评分。本实训计入相关课程的实践成绩，具体比重由各课程教师自行掌握。

学生实训成绩登记表、实训鉴定表、实训总结。

项目十一

任务卡 1

班级	姓名	组号	学号	时间

任务	"粽里寻她·文化优享"茶会活动策划	评价方法	视频、照片、文字
任务分工及执行情况			
总结			
心得体会			

自我评价	优秀□　　良好□　　及格□　　不及格□
同学评价	优秀□　　良好□　　及格□　　不及格□
教师评价	优秀□　　良好□　　及格□　　不及格□

任务二　模拟茶艺馆经营与管理

学习目标

1. 通过模拟茶艺馆经营与管理提升休闲服务与管理专业学生对茶艺馆的现场管理等基础技能知识的运用。

2. 在模拟茶艺馆经营与管理的互动劳动实践过程中,让休闲服务与管理专业学生体验基本的日常事务管理。

3. 为休闲服务与管理专业的学生提供一个学习和交流的平台,弘扬我国优秀茶文化,提升茶艺服务人员的礼仪素养。

4. 培养休闲服务与管理专业学生的团队协作能力,增强合作精神,增进创新创业意识。

学习任务

1. 休闲服务与管理专业全体学生模拟成立茶艺馆并展开经营管理。

2. 模拟专业茶艺馆的机构设置,主要工作分为日常管理和现场管理两个部分。将学生分到四个部门,包括策划部、后勤部、市场部、行政部,每个部门明确分工和任务,由专业老师指导。

任务导入

陶行知的茶馆教育

著名教育家陶行知在推广"生活即教育"理念时,在晓庄师范学校有过一段鲜为人知的茶馆教育实践。

学校所在地有一片茶园,陶行知改造后命名为"中心茶园",之后这个中心茶园展览便成为学校的重要活动,列入晓庄师范的二十六项重要事务之中。中心茶园里设有书报、棋牌,为师生也为当地农民服务,有点今天所谓社区茶馆的意思,陶行知亲自担任指导。

在中心茶园,陶行知写了一副流传至今的对联"嘻嘻哈哈喝茶;叽叽咕咕谈心"。当时,那里经常出现如下情景:西装革履的访客对面,坐着一位菱衣斗等的农夫。距离弹琴人不远处,有好多牛马竖着耳朵听。

老百姓在家喝茶，都是独自行为，把农民与学生集中在一起喝茶，就不一样了。晚饭后，茶会锣鼓声一响，农夫、学生、老师从四面八方汇集到茶馆，学生教农民识字，农民教学生生产知识，来这里喝茶的庄稼人，把自己的务农调子哼出来，陶行知稍微整理，就变成了校歌。陶行知爱喝茶，也喜欢用茶来喻物。他要求解放儿童时间时说："现在一般学校把儿童的时间排得太紧，一个茶杯要有空位方可盛水。"陶行知是安徽歙县人，而歙县是中国茶最重要的产地之一。对这份家乡的土特产，他非常喜欢，很看好茶馆的教育，多次谈及茶馆对教育的影响。

图 11-2-6　教育家陶行知与学生交流

休闲服务与管理专业的同学们，你们心中是否也有一片"中心茶园"？你们是否也想拥有属于自己的茶艺馆？你们知道茶艺馆要如何运营和管理吗？开设茶艺馆需要具备哪些知识呢？让我们携手，共同模拟一家茶艺馆吧，看看具体会遇到哪些问题，我们又应该怎么处理！

知识储备

一、茶艺馆的选址

茶艺馆位置选择是否合适，对茶艺馆经营能否成功，起着关键的作用。如果位置选择不当，会带来巨大的投资风险。因此，在为茶艺馆选址时，必须要慎重！一般要考虑下列因素。

第一，建筑结构。要了解建筑面积、内部结构是否适合开设茶艺馆，是否必须装修；有无卫生间、厨房、安全通道等；对不利因素能否找到有效的补救措施。

第二，商圈。了解周围企事业单位的情况，包括经营状况、人员状况、消费特点等；了解周围居民的基本情况，包括消费习惯、消费心理、收入休闲娱乐消费的特点等；了解周围其他服务企业的分部及其状况，主要是了解中高档饭店和酒店等；必要时进行较深入的市场调查，全面了解当地的消费状况，分析投资的可行性。

第三，租金。了解租金的数量、缴纳方法、优惠条件、有无转让费等。因为租金是茶艺馆投资成本的主要组成部分，所以必须慎重，不能不计后果的、轻率地做出决定。

第四，水电供应。了解水电供应是否配套、方便，能否满足开馆的正常需要；了解水电设施的改造是否方便，有无特殊要求，排水情况，水、电价格，收费方式等。

第五，交通状况。了解交通是否便利，有无足够的停车场所，对停车的要求，交通管理状况等；了解交通与停车是否便利、安全——它往往影响客源；交通环境不良，没有足够的停车场所，往往会给经营带来一定的困难。

第六，同业经营者。了解在一定范围内茶艺馆的数量、经营状况；了解其他茶艺馆的装修风格、经营特点、经营策略、整体竞争状况等。周围茶馆的经营状况，在一定程度上反映出这个地域茶叶消费的特色，以及其发展的趋势。通过对其他茶艺馆的了解，我们可以对经营环境有更全面的认识。

第七，政策环境。了解当地政府及有关管理部门对投资是否有优惠政策；了解能否提供公平、公正、宽松的竞争环境，是否有相关的支持或倾斜政策等，主要了解工商、税务、公安、消防、卫生等部门对服务企业管理的政策法规。

第八，投资预算。要做出一个基本的投资预算，与投资者的资金实力、拟投资数量进行比较。

第九，效益。根据投资估算及开业后日常费用估算，做盈亏平衡分析，确定一个保本销售方案。然后根据市场调查所收集的资料和对未来经营状况的预测，以及分析周围其他茶艺馆的基本状况，进行系统的比较，基本可以确定是否值得投资。

投资者在选址时往往会对多个位置进行考察比较，这样可以把各个地点的相关资料进行归纳整理，然后逐条进行对比分析，找出各个位置的优势和劣势。

二、茶艺馆的经营与管理

一个茶艺馆要更好地发挥自己的功能，获得竞争优势，就必须结合茶艺行业的特点，加强经营与管理，提高服务水平，以优质、高效的服务赢得顾客。总体而言，茶艺馆的经营与管理主要分为日常事务管理和现场管理两个部分。

(一)茶艺馆日常事务管理

经营茶艺馆，每天都会遇到大量的事务性问题，为这些问题制定相应的管理制度和规范，有利于管理人员跳出烦琐的杂务，提高管理的效率，同时也为有关人员提供相应的行为标准。从茶艺馆的角度讲，日常管理的内容主要包括物品管理、商品管理、采购管理、仓库管理、吧台管理、会议管理、财务管理等。

1. 物品管理

物品主要指对外销售的商品之外的有关物品，比如字画、工艺品、乐器、家具、音响、茶具、装饰品、空调、消防器具等。

2. 商品管理

商品是茶艺馆对顾客销售的有关物品，比如茶叶、茶具或者书籍等。商品一般集中陈列或展示，以便于客人选购。商品管理制度的内容主要包括：商品陈列的要求、商品定价的要求、调价的规定、损坏的处理、日常的维护以及销售奖励等。

3. 采购管理

采购管理的内容主要包括：采购人员的基本条件，采购工作的程序，对缺货的处理，对采购后不合适物品的处理，采购人员的责任与奖惩，采购人员的账务单据管理，采购人员了解市场行情、开辟新货源渠道的要求，采购人员与供应商关系的处理，以及对采购人员的职业道德要求。

4. 仓库管理

仓库管理的制度主要包括：第一，验收入库的具体规定，入库的程序；第二，仓库单据的保管，台账的制作；第三，各种物品最低库存量的规定；第四，申购程序；第五，领料的程序与手续；第六，各种货物存放的具体规定；第七，盘存的要求；第八，防潮、防蛀、防鼠、防变质的具体规定；第九，货物账实不符的处理；第十，仓库的卫生管理；十一，仓库的安全管理以及仓库保管员的职业道德要求。

5. 吧台管理

吧台是联系内外、交流信息、接待顾客、处理纠纷、接受意见和建议的重要场所。吧台管理的水平也直接关系茶艺馆的服务水平和整体形象。

6. 会议管理

茶艺馆要经常召开各种各样的员工会议，如例会、班前会、班后会等。为了提高会议质量，要形成相应的会议管理制度，如例会的时间、请假及缺席的处理、纪律要求、会议决定的检查与落实等，都可以做出相应的规定。

7. 财务管理

财务管理主要涉及会计报表、税务内部的会计制度、财务制度、工作流程、现金管理、资金运作等，可依据国家的会计准则、税务部门的具体要求，结合企业的实际情况，制订相应的管理制度。

(二) 茶艺馆现场管理

服务现场是指参与服务的各个要素的组合。服务现场主要包括服务者、服务活动场所以及设施、材料、用品(图 11-2-7)。这几年，茶艺馆数量的增加和茶艺馆之间的竞争日益加剧，对茶艺馆的内部管理也提出了挑战。

图 11-2-7 茶艺馆户外环境照片

在此主要对茶艺服务人员的礼仪要求进行具体介绍。

茶艺服务人员的礼仪分类如下。

1. 接待礼仪与技巧

表 11-2-1 所示为接待礼仪与技巧。

表 11-2-1　接待礼仪与技巧

方面	具体内容
上岗前	要做好仪表、仪容的自我检查，做到仪表整洁、仪容端正。具体要求： ①面部清新健康、平和放松，不化浓妆，不喷香水，牙齿洁白整齐。 ②手部：手形优美，不戴首饰，手指干净，指甲缝内无污物，洗手液不能有味道，不涂指甲油。 ③头发：发型原则上要根据自己的脸型来选择，要适合自己的气质，给人一种很舒适、整洁大方的感觉；不论长短，都要按泡茶时的要求进行梳理，操作时头发不要挡住视线，不染发。 ④服饰：清新淡雅，中式为宜，袖口不宜过宽，着装应讲究，根据时间、地点、场所的不同进行合理搭配
上岗后	①要做到精神饱满、面带微笑、思想集中，随时准备接待每一位来宾。 ②宾客进入茶艺馆时，要笑脸相迎，并致以亲切的问候，通过美好的语言和可亲的面容使宾客一进门就感到心情舒畅。同时将不同的宾客引领到能使他们满意的座位上。 ③如果一位宾客再次光临时又带了几位新宾客，那么对这些宾客要像对待老朋友一样，应特别热情地招呼、接待。 ④恭敬地向宾客递上清洁的茶单；耐心等待宾客的吩咐，仔细地倾听，完整地记录；牢记宾客提出的各项具体要求，必要时向宾客重复一遍以免出现差错。 ⑤留意宾客的细小要求，如茶叶的用量等问题，一定要尊重宾客的意见，严格按宾客的要求去做。 ⑥当宾客对饮用什么茶或选用什么茶拿不定主意时，可热情礼貌地推荐，使宾客感受到服务周到。 ⑦在为宾客煮茶时，要求举止文雅、态度认真和茶具清洁，不能举止随便，敷衍了事
服务中的注意事项	①在服务中，如需与宾客交谈要注意适当、适量，不要忘乎所以，要耐心倾听，不与宾客争辩。 ②工作中，要注意站立的姿势和位置。不要趴在茶台上或和其他服务员聊天，这是对宾客不礼貌的行为。 ③宾客之间谈话时，不要侧耳细听；在宾客低声交谈时，应主动回避。 ④宾客有事招呼时，不要紧张地跑上前询问，也不要漫不经心。 ⑤宾客示意结账时，要双手递上放在托盘里的账单，请宾各查核款项有无出入。 ⑥宾客赠送小费时，要婉言拒绝，自觉遵守纪律。 ⑦宾客离去时，要热情相送，并欢迎他们再次光临

2. 交谈礼仪与技巧

茶艺服务人员在服务和接待过程中，要向宾客提供面对面的服务。而与宾客进行交谈便成为茶艺服务的一部分。要体现茶艺馆主动热情、耐心周到的服务，茶艺服务人员就要掌握与宾客交谈的礼仪与技巧。

第一，与宾客对话时，应站立并始终保持微笑。

第二，用友好的目光关注对方，表明自己思想集中、表情专注。

第三，认真听取宾客的陈述，随时察觉对方对服务的要求，以表示对宾客的尊重。

第四，无论宾客说出来的话是误解、投诉或是无知可笑的，也无论宾客说话时的态度多么严厉或不讲人情，甚至粗暴，都应耐心、友善、认真地倾听。

第五，即使在双方意见不相同的情况下，也不能在表情和举止上流露出反感、蔑视之意，只可婉转地表达自己的看法，而不能当面提出否定的意见。

第六，倾听过程中不要随意去打断对方的说话，也不要任意插话做辩解。

第七，倾听时要随时做出一些反应，不要呆若木鸡，可边微笑边点头倾听，同时还可以用"哦""我们会留意这个问题"等话作陪衬、点缀，表明你在用心听，但这并不说明双方的意见完全一致。除此之外，茶艺服务人员还可以用关切的询问、征求的态度、带提议的问话和有针对性的回答来加深与宾客的交流和理解，有效地提高茶艺馆的服务质量。

3.语言和行为举止礼仪

俗话说："好言一句三冬暖，恶语伤人六月寒。"美学家朱光潜说："话说得好就会如实地达意，使听者感到舒适，发生美的感受，这样的话就成了艺术。"语言是社会交际的工具，是人们表达意愿、交流思想感情的媒介和符号，体现在语言上的礼节是茶艺服务人员在接待宾客时需要使用的一种礼貌语言。它具有体现礼貌和提供服务的双重特性，是茶艺服务人员用来向宾客表达意愿、交流思想感情和沟通信息的重要工具，也是茶艺服务人员完成各项接待工作的重要手段，因此在工作中要注重语言的礼节性。

第一，茶艺服务人员在服务接待中要使用敬语。

第二，使用敬语时，要注意时间、地点和场合，语调要甜美、柔和。

第三，在服务中要注意用"您"而不是用"你"或者"喂"来招呼宾客。

第四，当宾客光临时应主动先向宾客招呼说"您好"，再说其他服务用语，不要顺序颠倒。

第五，当与宾客说"再见"时可根据情景需要再说上几句其他的话语，如"欢迎再来"等。优雅的举止、洒脱的风度常常被人们称赞，也最能给人留下深刻的印象。

在服务工作中茶艺服务人员与宾客的交流常常会借助人体的各种举止，这就是人们常常说的体态语言。它作为一种无声的语言，在茶艺接待服务过程中有着特殊的意义和重要的作用，所以茶艺服务人员的行为举止要符合礼仪要求。

第一，茶艺服务人员要保持规范的站姿和优雅的坐姿。

第二，适当运用手势会给宾客一种含蓄、彬彬有礼、优雅自如的感觉。

第三，在为宾客引路、指示方向时，应掌心向上，指示目标方向，面带微笑，眼睛看着宾客，并兼顾宾客是否意会到目标。切忌用手指来指去，因为这样的举止含有教训人的意味，是不礼貌的。

第四，在与宾客交谈时，手势不宜过多，动作不宜过大，更不要手舞足蹈。

第五，在服务接待过程中，不能使用向上看的目光，这种目光会给人以目中无人、骄傲自大的感觉。

第六，为了表示尊重，在与宾客交谈时，目光应正视对方的眼鼻三角区。

4.茶桌上的其他礼仪

第一，敬茶要礼貌，一定要洗净茶具，切忌用手抓茶，茶杯无论有无柄，端茶时一定要在下面加茶托。

第二，敬茶时要温文尔雅、笑容可掬、和蔼可亲，双手托盘至宾客面前，躬腰低声说"请用茶"。客人应起立说声"谢谢"，并用双手接过茶托。

第三，斟茶时只能斟到七分满，为宾客斟茶一定要按顺时针方向。

第四，陪伴宾客饮茶时，在宾客已喝了半杯时即添加开水，使茶汤浓度、温度前后大略一致。

三、模拟茶艺馆经营与管理的实施流程

(一)模拟开业前采购

(1)家具。

根据茶艺馆的整体布局确定可以容纳的台位数，据此配置数量合适的家具。

(2)茶叶。

茶叶的配置要考虑经营需要，要求品种安全，数量适宜，并兼顾高、中、低等级。需要采购的茶叶品种主要包括如下几类。

①绿茶类：西湖龙井茶、碧螺春、信阳毛尖、黄山毛峰、六安瓜片、庐山云雾茶、蒙顶甘露等。

②乌龙茶类：铁观音茶、黄金桂、大红袍茶、冻顶乌龙茶、东方美人茶、凤凰单枞茶等。

③红茶类：祁门红茶、滇红茶等。

④白茶类：白毫银针等。

⑤黄茶类：君山银针等。

⑥黑茶类：普洱茶等。

⑦花茶类：茉莉花茶、白兰花茶等。

⑧紧压茶类：沱茶、普洱砖茶等。

⑨保健茶类：贡菊茶、苦丁茶、玫瑰花蕾茶、莲心茶等。

(3)茶具。

茶具主要包括茶具组合(公道杯、品茗杯、闻香杯、茶道组、茶巾、滤网)、茶船、紫砂壶、电子泡茶机、风炉、玻璃杯等。所需数量根据可容纳的台位数及最多可接待的人数来确定。

(4)装饰品。

装饰品包括字画、工艺品、窗饰、灯笼、花草、乐器、音响、电视等。

(5)茶罐和茶叶筒。

茶罐视茶叶品种数量而定，现在市场上的茶罐种类很多，可根据茶艺馆的风格选购。茶叶筒一般选用50 g装的小筒，可以印制茶艺馆的名称和标志，采购数量可根据销售预测，定购2~3个月所需的量即可。

(6)茶食与茶食碟。

茶食可选择黑瓜子、白瓜子、葡萄干、开心果等。茶食碟可根据茶艺馆的风格和个人

爱好到市场上选购。

（7）其他物品。

其他物品有报纸、杂志和书籍、棋类等。

（二）模拟证照办理

茶艺馆开业前需办理的证照如下：

①消防安全合格证。

②卫生许可证、健康证。

③公共场所经营许可证。

④营业执照。

⑤税务登记证（并领取发票）。

（三）模拟服务定价

定价的内容包括：服务价格、茶叶价格、茶点价格等。定价时要充分考虑周围茶艺馆的定价情况，从而使所定价格具有比较强的竞争力。

（四）模拟服装定制

不同风格的茶艺馆对服装的要求有所不同，这要视茶艺馆的具体情况而定。大多数茶艺馆是以民族风格的服装为主。

（五）模拟广告宣传

茶艺馆在开业前，要通过多种渠道把开业的消息发布出去，以便引起更多人关注。宣传时可用的形式多种多样，如报纸广告、电视广告、新闻宣传、条幅、电话通知、人际传播等。

（六）模拟试营业

为了保证正式开业能达到理想的效果，避免混乱和出现意想不到的问题，在开业前2~3天可以进行试营业。试营业的"顾客"以亲朋好友为主。通过试营业，一方面可以增加茶艺服务人员的实战经验，增强其信心，另一方面可以发现问题和不足，便于及时改进和调整。试营业要求全体服务人员参加，以实战的标准进行要求，管理人员现场观察、指导，每天试营业结束后进行详细的总结，提出改进意见和新的要求。

任务实施

一、成立模拟茶艺馆

（一）准备好材料

①100万元人民币以上的注册资本。

②公司名称、组织机构、处所和章程。

③茶艺师和其他工作人员名册。

④茶艺业务规则。

⑤公安机关颁发的特种行业许可证。

⑥有关茶艺业发展的规定。

(二)模拟前期设施建设

①调研并确定茶艺馆选址。

②模拟根据茶艺馆的风格设计装潢茶艺馆。

③采购茶艺馆物资。

(三)茶艺馆办理流程

①核准名称：确定公司类型、名称、注册资本、股东及出资比例后，去模拟工商局现场或线上提交核名申请。

②提交材料：确认地址信息、高管信息、经营范围，在线提交预申请；在线预审通过之后，按照预约时间去工商局递交申请材料；收到准予设立登记通知书。

③领取执照：茶艺馆开业前需办理的证照：消防安全合格证，卫生许可证、健康证，公共场所经营许可证，营业执照，税务登记证(并领取发票)。

④刻章等事项：凭营业执照到公安局指定刻章点办理公司公章、财务章、合同章、法人代表章、发票章。至此，模拟茶艺馆注册完成。

二、模拟茶艺馆经营与管理方案设计

(一)确定负责小组

由策划部、后勤部、市场部、行政部组成模拟茶艺馆经营与管理小组。

(二)具体分工

策划部：确定茶艺馆风格；模拟调研、考察、选择茶艺馆地址并租赁；衔接设计公司，设计名称、招牌以及 logo；制定茶艺馆经营与管理方案；设计开业酬宾活动以及会员服务方案。

后勤部：模拟接洽装修公司，设计茶艺馆装修方案并完成茶艺馆装潢；模拟采购茶艺馆后勤物资；并完成具体的物品管理、商品管理、采购管理、仓库管理等工作。

市场部：全面负责吧台管理、茶艺服务人员礼仪管理工作，完成市场调研并定价；模拟点茶服务、吧台结算等茶艺馆现场管理与运营服务。

行政部：全面负责财务管理、会议管理、制度管理等工作，依据市场调研确定价格，设计茶单；日常文案管理；员工日常管理，绩效考核，劳资方案以及实施，员工成长管理方案制定等。

（三）实施过程

实施过程具体安排如表11-2-2所示。

表 11-2-2 模拟茶艺馆经营与管理实施过程安排

时间	地点	负责人	具体内容
周一	教学楼	×××	上午：召开模拟茶艺馆经营与管理倒计时动员大会——全体学生与指导老师参加，进一步明确茶艺馆经营与管理的具体执行事宜，对各部门工作进行协调。 下午：场地排练
周二	教学楼	×××	各部门分头完成各自的具体任务，包括： 策划部：确定茶艺馆风格；模拟调研、考察、选择茶艺馆地址并租赁；制定茶艺馆经营与管理方案。 后勤部：模拟接洽装修公司，设计茶艺馆装修方案并完成茶艺馆装潢；模拟采购茶艺馆后勤物资；完成具体的物品管理、商品管理、采购管理、仓库管理等工作。 市场部：全面负责吧台管理、茶艺服务人员礼仪管理工作；具体负责完成市场调研并定价；模拟点茶服务、吧台结算等茶艺馆现场管理与运营服务。 行政部：全面负责财务管理、会议管理、制度管理等工作
周三	教学楼	×××	上午：各部门继续完成筹备工作 下午：茶艺馆经营与管理彩排，各部门工作人员各就各位
周四	办公室	×××	对照彩排情况修改流程，完善细节
周五	教学楼	×××	上午：茶艺馆经营与管理执行。 下午：各部门完成后续工作，包括后勤物资清点、宣传稿的写作、现场影像资料后期制作等；召开总结大会，所有学生交实训总结，老师完成实训鉴定，对此次综合实训进行总结

任务评价

考核方式为评分考核，总分100分（工作效果60分，实训过程中的表现40分），各部门负责人由指导老师评分，部门工作人员由指导老师结合组内自评评分。本实训计入相关课程的实践成绩，具体比重由各课程教师自行掌握。

能力拓展

学生实训成绩登记表、实训鉴定表、实训总结。

项目十一

任务卡 2

班级	姓名	组号	学号	时间
任务	模拟茶艺馆经营与管理	评价方法		视频、照片文字
任务分工及执行情况				
总结				
心得体会				
自我评价	优秀□　　良好□　　及格□　　不及格□			
同学评价	优秀□　　良好□　　及格□　　不及格□			
教师评价	优秀□　　良好□　　及格□　　不及格□			

项目十二
新媒体技术专业劳动技能

任务一　网店运营

> ### 学习目标
>
> 1. 了解网络零售各岗位必备技能。
> 2. 掌握网络开店的必备理论知识和基本流程。
> 3. 增强学生团队合作意识和创业意识。
> 4. 提升学生营销能力及独立操作商业交易活动的能力。

> ### 学习任务
>
> 在网络店铺第三方平台——淘宝上设置能够实际经营的网店，能够逐步完成经营过程，能够独立操作网络商业店铺并建立交易客户群。

任务导入

量身定制淘宝店铺营销计划，构建店铺站内站外推广体系，为淘宝店铺提供更好的运营推广，提高店铺的知名度以及店铺物品曝光率。

任务准备

1. 开创主打时尚潮流的"乐多家"淘宝女装店铺。
2. 开展市场调研和营销推广。

任务实施

一、网店项目分析

1. 用户画像分析

本项目对"乐多家"淘宝女装店铺市场潜在客户投放了调查问卷，利用问卷星平台制作"女装服饰行业调查问卷"，并进行数据分析（表12-1-1）。

表 12-1-1　用户画像分析表

标签	用户画像	标签类型（静态/动态）
性别	女性	静态
年龄	18周岁以下及18~23周岁	静态
收入	1000~1500元	动态
地域	华东地区	动态
职业	学生及上班族	动态
恋爱状态	单身	动态
价位	50~300元	动态
购买渠道	网购	静态
喜欢的服装风格	简约、百搭	静态
喜欢的优惠方式	打折、满减	静态
购买态度	可靠	静态
购买准备阶段	价格优惠、样品精致	静态

2. 市场定位

确定营销对象群体的市场定位，如表12-1-2所示。

表 12-1-2　市场定位基本信息

定位	策略
产品定位	卫衣女、外套、牛仔裤、休闲裤、棉服、短袖、牛仔裤
价格定位	中高端，50~300元
渠道定位	抖音上喜好时尚穿搭的女性用户，小红书上喜好穿搭分享的女性用户
促销定位	折扣（如买一件9折，买两件8折）、满减（满300减35元）

3. 竞店数据分析

根据店侦探的女装卫衣查询的数据，我们从女装风格、售卖价格、活动风格、人群定位分析、使用场景、网店装修风格等进行竞店数据分析；国本店的优势：在经营方式和队伍上与实体店高度共享，详情页完整，有做主图设计，装修更加完善；劣势：产品SKU、货源不稳定,站外推广目前基本没有效果,付费推广未带来较合理的转化,无爆款商品。解决方法:网店需要确定货源,与商家达成合作,优化标题,优化关键词,打造引流款和爆款产品。

表 12-1-3 竞店数据分析

具体分析项目	某服装店	某外贸服饰店	某时尚女装店
店铺等级	5 颗心	3 颗钻	4 颗钻
店铺装修	有装修,但是装修简单,店铺主要颜色为白色,女装风格较为成熟	有装修,但是装修较为简单,以纯色为主、黄色为辅,女装风格以休闲为主	有装修,装修风格以粉白为主,和 logo 对应,但是显得单调
主图设计	无设计	无设计	无设计
详情页设计	有女装模特实例图,无 FAQ 检索系统	有细节、模特展示、FAQ 检索系统都有	有女装模特实例图,无 FAQ 检索系统
产品数量	26 种	56 种	14 种
爆款商品	3 种	2 种	2 种
价格范围	280~530 元	37.05~250.88 元	38~76 元
店内营销工具	无	优惠券	优惠券、单品宝
淘宝客情况	未开通	未开通	未开通
直通车情况	未开通	未开通	未开通

二、店铺视觉设计

1."乐多家"网店设计

淘宝店首页是整个网店的门面,首页所展示的是网店的一些主要产品和活动等(图 12-1-1)。首页分为日常首页和活动页,主要由店招、导航、店铺海报轮播图、宝贝排行、商品展示、店铺收藏、推荐产品陈列区、友情链接等板块组成。店铺装修风格以简约风格为主,背景色为粉色,设计上加白色点缀。

2.产品详情描述

商品详情页是影响店铺转化率最重要的因素之一。所以我们在详情页上面展示了整体大图,让消费者对商品有一个直观和整体的了解,并多角度展示更多商品细节,以便消费者对商品有一个立体化的认知。在功能信息上面介绍了商品的材料和材料的优势、特性等,通过参数信息,消费者可以进一步了解商品的尺寸、质地等细节。其还展示了不同颜色的同款商品细节特写、独特卖点信息、模特效果图、商品对比包装效果等(图 12-1-2),方便客户直观参考。

3.物品标题及关键词优化

通过关键词拆分、关键词拓展、采集关键词库等,列出点击率最高的六款商品的关键词,用于本店关键词优化,并进行关键词的优化与排行。表 12-1-4 所示为"乐多家"的直通车标题优化示例。

图 12-1-1　网店的门面设计

"为这件打call"

这款粉色小熊刺绣连帽卫衣是这次上新的商品中我比较喜欢的一款，
前面是粉色的字母绣花，精致可爱，
粉红色更显嫩！
宽松的版型设计，给足了身体空间，营造松垮自由的氛围，
粉色很温柔，很衬肤色，
配上刺绣小熊显得很可爱，
是喜欢可爱的妹妹的首选！
面料手感柔顺，穿着舒适，而且不易起球。

版型特点
YONGON FEATURES
▼

宽松/不挑人

宽松的版型对身材的包容性很大，
有让人显瘦的效果，
连帽，视觉上面更加显瘦，
刺绣字母真的很可爱！

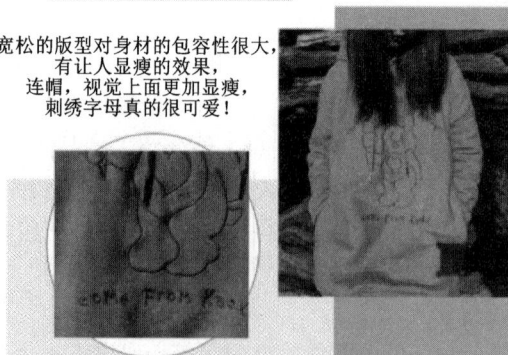

图 12-1-2　商品海报

表 12-1-4　直通车标题优化

原标题	乐多家 2021 新款韩版 ins 原宿风百搭纯色上衣打底衫宽松长袖 T 恤女潮
存在问题	有重复属性的"2"
优化后标题	乐多家新款韩版 ins 原宿风百搭纯色上衣打底衫外穿宽松长袖 T 恤女潮
优化后结果	标题无违禁词，未含特殊符号，标题长度适宜，类目词很好，从良变优，排名提升了 6 个

三、网店日常运营

（1）日常运营。

日常运营包括商品上架、产品分析、客户运营与维护。

（2）活动运营。

根据"乐多家"双旦活动的展开，制作了为推广的运营展开的物料清单、活动推进表、工作安排表（表 12-1-5），根据表单来具体安排实施活动运营。

表 12-1-5　工作安排表

阶段	日期	推广文案内容	开发需求	推送时间
活动预热期	12 月 19 日	新品上新，首先介绍几种会上新的商品	活动商品主图	11:30
	12 月 20 日	说明本次活动内容，吸引顾客报名	活动截图	11:30
	12 月 21 日	分享活动链接	主要参与活动商品	11:30
活动推广期	12 月 22 日	活动开始，进一步推广，吸引更多人参与	参与活动链接	11:30
	12 月 23 日	分享昨日活动的参与情况	后台数据——参与活动统计图	1:30
	12 月 24 日	活动最后一天，吸引顾客踊跃参与	活动宝贝销量图	11:30
活动复盘期	12 月 25 日	中奖公布名单	中奖客户信息	一天
	12 月 26 日	总结复盘	对本次活动进行分析与总结	一天

（3）站内、站外推广。

通过淘宝直通车、淘宝客运营、微淘运营、直播运营、优惠券推广、抖音推广、小红书推广、微博推广、微信公众号推广、H5 推广等方式，提升产品销量，增加与粉丝的互动；提升店铺知名度；回馈粉丝，增加粉丝黏性。

四、网店运营成效

（1）店铺等级。

店铺经营至现在已有五个月，通过实训期间的运营与推广，等级已达到两颗心，粉丝数为 338 人，店铺好评率为 100%，描述相符为 5 分，服务态度为 5 分，物流服务为 5 分。

（2）交易情况。

在实训期间，通过站内站外推广，店铺下单买家人数为 4 人；下单金额为 846.8 元；下单转化率为 0.5%；总访客数为 795 人。

（3）关注人数。

在实训期间，"乐多家"网店通过站内站外推广，店铺粉丝从原有的 318 人增加到现在的 437 人。

（4）店铺流量。

店铺访客数为 795 人，访问了 134 次商品，支付买家数达到了 4 笔，浏览量为 2212 人次，跳失率为 50.95%，平均停留时长是 32.7 min，直播间访客数为 683 人。流量大部分来源于淘内免费流量。

（5）买家评价。

店铺宝贝评价无一差评，现有 15 个好评，店铺总体各方面经营良好。

任务评价

1. 开创淘宝店铺。
2. 进店店铺视觉设计。
3. 构建店铺站内站外推广体系。

能力拓展

1. 不断优化店铺设计，学以致用。
2. 对店铺进行运营推广，提升价值空间。

项目十二　　　　　　　　　**任务卡1**

班级	姓名	组号	学号	时间

任务	开创一家网络店铺，并进行美工设计，开展运营推广	评价方法	方案、视频、图片等

任务分工及执行情况	

总结	

心得体会	

自我评价	优秀□　　良好□　　及格□　　不及格□
同学评价	优秀□　　良好□　　及格□　　不及格□
教师评价	优秀□　　良好□　　及格□　　不及格□

任务二　商品包装设计

学习目标

　　1.通过课程设计使学生全面掌握 Photoshop 图形处理的基本制作方法和编辑方法,掌握 Photoshop 图像处理软件的使用技巧,培养平面设计图像制作和处理的实践能力与审美能力。

　　2.通过专业工作劳动技能训练,使学生了解并掌握运用 Photoshop 设计和制作平面设计作品和图像处理的基本流程、基本思想和基本技巧。

　　3.通过商品包装设计的劳动实践复习和巩固上前段的学习内容,包括 Photoshop 的选区、图层、路径、通道和蒙板等操作,检验学生的学习效果。

　　4.培养学生的抽象思维能力、形象思维能力和创意能力。

　　5.激发学生的创新意识和创新欲望,培养学生的团队协作能力,增强劳动合作精神。

学习任务

　　1.数字媒体技术专业全体学生成立模拟广告设计公司。

　　2.模拟专业商品设计公司的机构设置,将学生分到四个部门,包括市场部、创意部、设计部和宣传部,调研客户需求,分析商品特征,每个部门明确分工和任务,完成设计作品,由专业老师指导。

任务导入

湖南一高校毕业生为母校设计录取通知书

　　2022 年 8 月,各大高校开始陆续向新生投递录取通知书,其中不乏创意十足、令人眼前一亮的设计。怀化学院也别出心裁,接受了应届毕业生王锦鸿送给母校的"礼物"——为学弟学妹设计的录取通知书(图 12-2-1)。

　　连日来,怀化学院招生就业处办公室里,学生志愿者们正忙得不亦乐乎。他们不断将新生录取通知书装袋封好,然后交予邮递人员寄至位于全国各地的新生手中。记者看到,这版由王锦鸿设计的录取通知书简约、不失大方,并配有校训和精美的学院插画。这版录取通知书以简洁风格为主,外页颜色采用怀院蓝、磨砂珠光,锁扣印文字烫金"怀化学

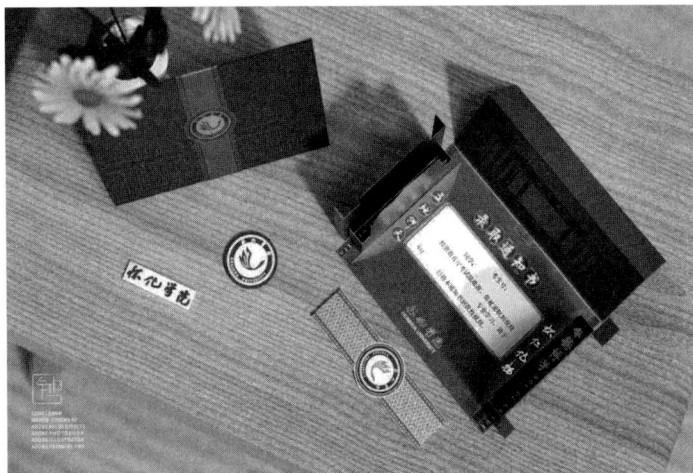

图 12-2-1 怀化学院 2022 级新生录取通知书

院"，整体显得大方稳重。内页刻有"怀仁化物、立地仰天"文字(校训)及其释义，还刻有带有东、西校区特色的精美插画。谈及为母校设计录取通知书的初衷，王锦鸿说，为了感恩学校四年来的栽培，毕业前他想送给学校一份礼物。于是，学习美术与艺术设计的他，萌生了为新生设计录取通知书的想法。想到每年招生季的时候，网上很多考生都在晒录取通知书，他便想着能给母校设计一版全新的录取通知书，算是自己给学校的礼物，同时也是给学弟学妹一版充满仪式感的录取通知书。王锦鸿的这个想法得到了学校的大力支持：招生就业处的老师与他实时沟通，阐明相关设计需求；专业老师不断给予他创意转化的指导……在一个多月的时间里，王锦鸿六易其稿，最终设计出寄递至学弟学妹们手中的录取通知书。

怀化学院 2022 级新生高嘉玉伶同学表示，收到学校录取通知书的时候，自己非常开心。学校的录取通知书外观设计非常简洁大方，也很符合自己的审美。它上面还有一些学校的建筑缩影，也令自己对未来四年的大学生活更加向往。

数字媒体技术专业的同学们，你知道如何调研商品特征和用户需求吗？你知道如何设计出让客户满意的产品包装吗？让我们一起来运用 Photoshop 图形处理技术，开启今天的商品包装设计之旅吧！

知识储备

一、商品包装设计

(一)什么是包装设计

包装设计是指对包装的形状、大小、构造及包装材料等方面的创造或选择。

(二)包装设计的原则

包装设计的原则是科学、经济、可靠、美观。这不是凭空产生的，而是根据包装设计的规律总结出来的原则。

①科学原则是指包装设计必须首先考虑包装的功能，达到保护产品、提供方便和扩大销售的目的。包装设计必须符合人们日常生产与生活的需要，同时还要符合广大群众健康的审美观和风俗爱好。包装设计绝不是华而不实的形式主义产物，也不能单纯地强调三大功能而忽视其他方面，否则会给人民的健康、工业生产和社会生活带来不利的影响。

②经济原则是指包装设计必须符合现代先进的工业生产水平，做到以最少的财力、物力、人力和时间来获得最大的经济效益。这就要求产品的包装设计有利于机械化的大批量生产；有利于自动化的操作和管理；有利于降低材料消耗和节约能源；有利于提高工作效率；有利于保护产品、方便运输、扩大销售、使用维修、储存堆垛等。所有这一切都是经济原则所包含的内容。我国是一个社会主义国家，生产的目的是为了提高广大人民的生活水平。因此，包装设计的经济原则关系到国家经济和个人利益，应予以高度重视。

③可靠原则是要求包装设计保护产品，不能使产品在各个流通环节上损坏、污染或被偷窃。这就要求对被包装物进行科学的分析，采用合理的包装方法和材料，并进行可靠的结构设计，甚至进行一些特殊的处理。例如，集装箱底部的木板就必须进行特殊的杀菌、杀虫处理等。

④美观原则是广大群众的共同要求。包装设计必须在功能与物质和技术条件允许的条件下，为被包装的产品创造出生动、完美、健康、和谐的造型设计与装潢设计，从而激发人们的购买欲望，美化人们的生活，培养人们健康、高尚的审美情趣。

科学、经济、可靠、美观四者是密切相关的，不能忽视其中的任何一方。在提高包装设计的科学、可靠功能时，不能忘记包装设计的经济效果和社会效果；在提高包装设计的经济效果时又不能单纯地追求利润价值，而要考虑包装对人们生活各个环节所带来的影响，如对环境和对人们心理所产生的影响等；在考虑包装设计的美观时，除了使包装造型和装潢满足包装功能的需要外，还要照顾到群众现有的欣赏水平和习俗爱好以及禁忌色彩。只有四者有机地结合，让它们在设计和生产过程中协调一致，才能使包装在各个方面都表现出富有创造性的设计思想，又能更好地为生产、生活服务。

(三)包装设计的要求

1. 运输包装设计

运输包装的主要功能是确保产品在流通中安全、快速、高效地到达顾客手中。其设计有如下基本要求。

①根据产品的物理特性和化学特性选择适当的包装材料和方法，保证在运输中不损坏、不变质、不渗漏。

②采用体积小、重量轻的包装材料，注重包装重量。

③力求包装标准化和规格化，以方便运输和装卸，节约运费。

④运输包装要求有简单、醒目的标志，使产品安全、准确地运达目的地，同时要努力

节约包装物件，降低包装成本。

2.销售包装设计

销售包装的主要功能是美化和宣传产品，便于陈列和消费者选购、携带与使用，提高产品价值。其设计有如下基本要求。

①包装造型美观大方，图案生动形象，具有强烈的美学效果，避免与竞争者同类产品的包装雷同，要采用新材料、新图案和新形状，引人注目。

②产品包装应与产品的价值或质量水平相配合，根据产品品位和单位产品的价值及顾客的购买要求确定包装的档次。

③包装要显示出产品的特点和独特风格，能够直接向消费者展示，可选择透明的包装材料、开天窗式包装或在包装上印有彩色图片。

④包装设计要求能增加顾客的信任感并指导消费。

⑤包装设计要适应不同民族的风俗习惯、宗教信仰、价值观念和心理上的需要。

⑥包装的造型和结构应考虑使用、保管和携带方便。

二、商品设计的内容与要求

(一) 商品设计的整体内容

运用 Photoshop 的绘图和处理图像的方法和知识，制作平面设计作品。设置一个主题，选择和处理素材图片，利用 Photoshop 进行构图和图像的编辑和处理，制作出漂亮美观的作品。

(二) 商品设计的整体要求

①根据老师提供的选题范围进行设计内容题材的选择。页面大小、设计主题、设计内容、表现手法、设计风格等自定。

②充分运用 Photoshop 处理图像的各种技巧，制作一个完整的平面设计作品。要求构图完整，版面美观大方，颜色合理，素材运用自然，主题明确，有一定创意。

三、商品设计的具体流程

(一) 设计任务选题

设计任务选题应从以下几个方面选定。

①某品牌食品系列化包装设计。

②某品牌化妆品系列化包装设计。

③某品牌药品系列化包装设计。

④某品牌文化用品系列化包装设计。

⑤某品牌土特产品系列化包装设计。

⑥某品牌轻工产品系列化包装设计。

(二)商品设计的标准

①写出市场分析和设计定位报告，包括对品牌包装自身的了解及存在的问题，对同类商品、消费者的调查，配合图例的分析说明。

②用软件做出系列包装两套各 3 件，包括盒形和袋形、普通包装和礼品包装，每件作品要设计出刀版图、平面展开图、立体效果图等。要求两套具有不同风格。

③作品尺寸为标准 A4 页面，分辨率为 350 dpi，颜色模式为 CMYK。

④包装结构科学合理，设计美观得体，符合消费心理和消费习惯，标示符号新颖，定位准确。

(三)商品设计的流程

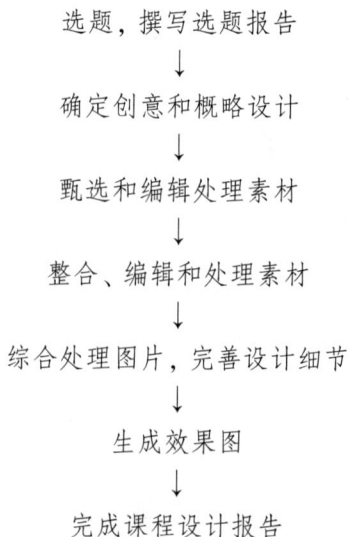

选题，撰写选题报告
↓
确定创意和概略设计
↓
甄选和编辑处理素材
↓
整合、编辑和处理素材
↓
综合处理图片，完善设计细节
↓
生成效果图
↓
完成课程设计报告

任务实施

一、确定商品包装选题

(一)市场调研

①品牌背景调研。
②品牌文化分析。
③消费群体调查。
④同行竞争分析。
⑤原有包装。

(二) 设计定位

①基于消费群体的研究。

②生产产品的一种独特售卖方式。

③在进行产品的市场调研, 正确把握目标消费群体需求的基础上, 确定一种包装设计主题的策略和方法。

④产品定位的途径, 如图 12-2-2 所示。

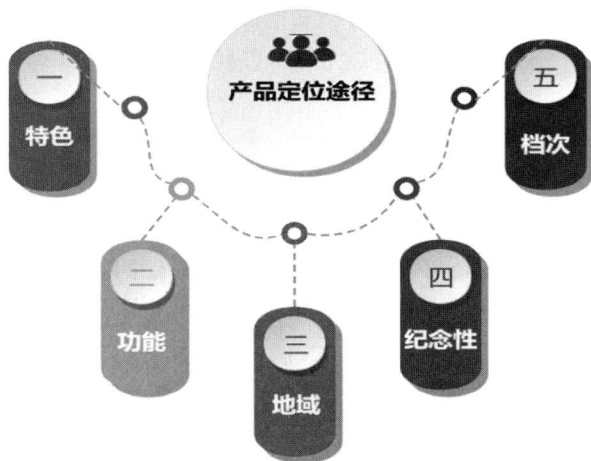

图 12-2-2　产品定位的主要途径

(三) 创意设计

①商品品牌文化的寓意。

②元素提取与创造(色彩、图形、文字等)。

③互动造型包装设计(立体抽拉式设计、小福利设计等)。

④视觉要素的位置(品牌标志, 品牌文字, 品牌图形、品牌色彩)。

二、商品包装设计

(一) 确定负责小组

由市场部、创意部、设计部和宣传部组成设计小组。

(二) 确定设计主题

(三) 具体分工

市场部: 负责商品市场调研活动, 具体进行品牌背景调研; 负责商品品牌文化分析;

负责消费群体调查；负责同行竞争分析；负责原有包装分析等。

创意部：确定设计定位，在进行产品的市场调研，正确把握目标消费群体需求的基础上，确定一种包装设计主题的策略和方法。

设计部：负责实施创意设计，基于商品品牌文化的寓意，提取与创造设计元素，选择互动造型包装设计，最终运用所学的 Photoshop 技术实现视觉要素的整合。用软件做出系列包装两套各 3 件，包括盒形和袋形、普通包装和礼品包装，每件作品要设计出刀版图、平面展开图、立体效果图等。要求两套具有不同风格。作品尺寸为标准 A4 页面，分辨率为 350 dpi，颜色模式为 CMYK。

宣传部：负责撰写商品设计报告；分析包装结构是否科学合理，设计是否美观得体，是否符合消费者心理和消费习惯，是否标示符号新颖，是否定位准确等。

（四）实施过程

实施过程具体安排如表 12-2-1 所示。

表 12-2-1　商品包装设计实施过程安排

时间	地点	负责人	具体内容
周一	教学楼	×××	上午：召开商品包装设计活动倒计时动员大会——全体学生与指导老师参加，进一步明确商品包装设计的具体执行事宜，对各部门工作进行协调
周二	教学楼	×××	各部门分头完成各自的具体任务，包括： 市场部：确定商品包装设计选题，完成商品市场调研。 创意部：创意设计定位，设计元素提取与创作。 设计部：运用所学的 Photoshop 技术，实施商品包装设计。 宣传部：撰写商品包装设计报告
周三	教学楼	×××	各部门继续完成筹备工作
周四	办公室	×××	确定设计方案，修改设计流程，完善细节等
周五	教学楼	×××	实施商品包装设计，完成商品包装报告

三、纪律与安全要求

①按规定时间到达实训地点，按时完成实训任务，缺课按学籍管理规定处理。

②实训期间非特殊情况不得请假，遇特殊情况请假须经系领导和指导老师共同同意。

③严格遵守计算机房的纪律和各种规章制度，注意人身和设备安全。

④爱护计算机设备及设施，非正常操作引起损坏者按规定赔偿。

⑤未经指导老师和机房工作人员允许，不得进行系统软件、硬件配置操作，严禁设置和修改配置口令。

任务评价

　　考核方式为评分考核，总分100分(工作效果60分，实训过程中的表现40分)，各部门负责人由指导老师评分，部门工作人员由指导老师结合组内自评评分。本实训计入相关课程的实践成绩，具体比重由各课程教师自行掌握。

　　学生实训成绩登记表、实训鉴定表、实训总结。

项目十二

任务卡 2

班级		姓名	组号	学号	时间
任务	商品包装设计			评价方法	视频、照片
任务分工及执行情况					
总结					
心得体会					
自我评价		优秀□　　良好□　　及格□　　不及格□			
同学评价		优秀□　　良好□　　及格□　　不及格□			
教师评价		优秀□　　良好□　　及格□　　不及格□			

项目十三

新闻出版与广播影视专业劳动技能

任务一　电视纪录片的制作

学习目标

1. 让摄影摄像专业学生分小组参与电视纪录片的选题、策划以及拍摄的全过程，完成一次理实结合的综合工作劳动技能训练。

2. 让学生学会应对在纪实类作品拍摄中的各种实际问题，诸如费时、费力、主题不确定、剧组人员分工不明确、资金不足、预算不合理等。

3. 让学生学会根据不同的拍摄内容选择不同的拍摄手法，体验不同的拍摄效果。

4. 让学生学会撰写策划文案，激发学生创作的兴趣，培养学生的团队协作能力，增强合作精神。

学习任务

1. 摄影摄像专业全体学生模拟组建电视纪录片剧组，选择相关的纪录片主题和风格，撰写策划文案，表现特定的思想和情感。

2. 模拟专业电视纪录片剧组的机构设置确认制片人和导演，将学生分到五个部门，包括拍摄组、灯光组、录音组、后期组、制片组。每个部门明确分工和任务，由专业老师指导。

案例导入

纪录片《中国的重生》献给"伟大邻邦"

2019 年中华人民共和国成立七十周年大庆之际，作为庆祝中华人民共和国成立七十周年暨中俄建交七十周年活动一部分，"俄罗斯第一频道"和"俄罗斯国家电视台 24 频道"从 2019 年 9 月 15 日（北京时间 16 日）起播放大型纪录片《中国的重生》（图 13-1-1），诸多未曾出现过的彩色镜头生动再现了中华人民共和国成立前后的恢宏场景。不仅如此，使用相同或相似素材的纪录片也在中国制作，于国庆期间登上荧幕。

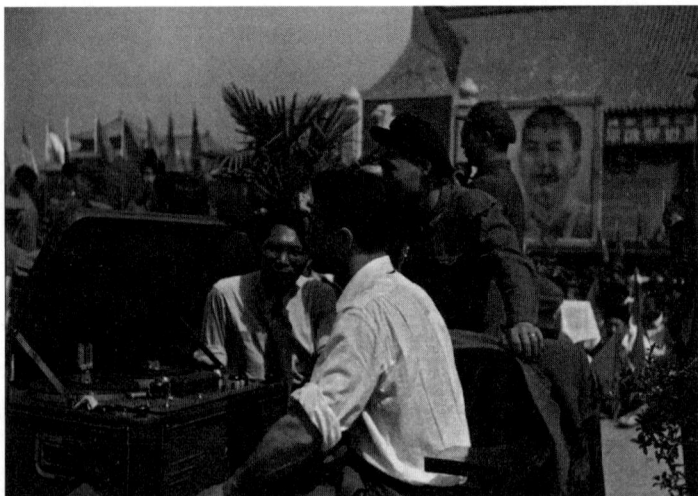

图 13-1-1　纪录片《中国的重生》影像

《中国的重生》的导演阿列克谢·杰尼索夫十分热爱中国。他曾透露，《中国的重生》的选材和剪辑花了近一年半的时间，为了展示当年苏中联合摄影团队在华拍摄的材料，编导们一致决定制成六集微电影，让 1949 年付出无数汗水甚至鲜血拍到的彩色镜头及其承载的中国人物"重放光辉"。第一集就充满震撼，十几分钟内大篇幅讲述中华人民共和国气象万千，重现开国大典的盛况，第一代领导人、解放军战士、工农学生都那么亲切，让大多从书本上接触的形象一下子鲜活起来。

据专家介绍，1949 年夏秋之际，中华人民共和国的诞生已指日可待，鉴于自身拍摄能力有限，中共方面向苏联提议，希望苏联帮助拍摄中华人民共和国成立的影片。9 月，联共（布）做出名为《满足中共中央希望苏联帮助拍摄解放军英勇作战和翻身人民新生活的纪录片》的决议，时任苏联影业部长的伊万·布尔沙科夫保证提供足够的彩色胶片。然而当年这种物资极其紧俏，连拍摄斯大林七十大寿献礼片《攻克柏林》都感到捉襟见肘。在中央电影事业管理局局长袁牧之的正式邀请下，25 名（一说 17 名）苏联摄影摄像专家来到中国，他们分成两队，一队以拍摄解放区后方建设为主；另一队以拍摄作战为主。

　　无数中华儿女在中华人民共和国诞辰 70 周年之际，饱含激动之情地观看到这份来自邻邦的无价之礼。摄影摄像专业的同学们，这部纪录片的素材出自中苏两国新闻工作者之手，但编辑的剪刀却掌握在当代俄罗斯人之手，他们用旁观者的视角给予观众无与伦比的震撼！现在，我们也运用已经掌握的理论知识，展开一场电视纪录片的制作之旅吧！

知识储备

一、电视纪录片的选题

　　纪实作品拍摄的主题，既可以是拍摄者长期调研的结果，也可从拍摄者的灵感中得来。但每个选题都要有其鲜明的风格，要具有一定的艺术价值和思想性。选题既可以来源于身边的人和事，也可以在网络、电台、电视、报纸的介绍中挖掘。

(一)电视纪录片选题的特点

　　选题要符合下列四个特点。

　　第一，普遍性。选题最好能被大多数受众关注。观众最希望看到的是能对自己产生影响的人和事，而这样的选题就存在于现实生活中，只要你做得有个性、有新意，就能得到大家的关注。

　　第二，科学性。有些话题是观众十分感兴趣的，他们对此满怀好奇，但却没有了解真实情况的途径。这就要求表现这类选题时，既要有严谨的科学态度，又要使用通俗易懂的表现形式，只有这样才能引起观众的共鸣（图 13-1-2）。

　　第三，实用性。有些选题可以让观众实实在在地了解一些生活技巧和常识，既能帮助人们解决一些实际问题，又能传递知识，具有教育和娱乐的双重功效。

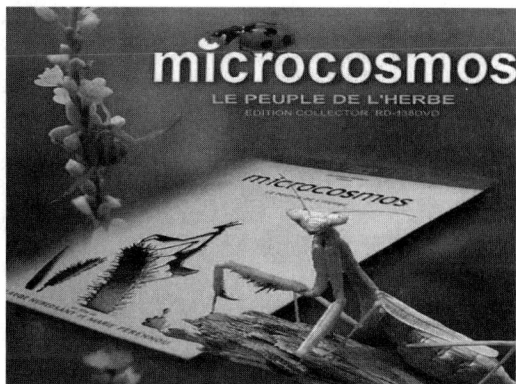

图 13-1-2　纪录片《微观世界》

　　第四，艺术性。所有的选题都要考虑艺术性，只有画面优美、配乐得当，才能满足观众的审美需求，给观众带来美的享受，唤起观众的共鸣。因此，摄像师在拍摄每一个画面时都要精心选择合适的景别、角度、构图、用光，形成一个具有艺术欣赏性的画面。

(二)电视纪录片选题的原则

1.题材可控

①要在开拍前对选题进行科学的、可操作性的论证。

②符合法律要求。任何行为都要符合法律法规的要求，这是最基本的底线。在选择题

材时,必须了解选题中(包括细节)是否有违反相关法律法规的内容。

2.愿意付出

确定选题后,就要考虑拍摄的周期,以及前期、后期、资金、后勤等是否能满足拍摄需要。如果对这个选题没有足够的了解,那么可找这方面的专家帮忙。拍摄团队组织起来后,应尽量坚持到拍摄、制作完毕。

3.实地调研

工作人员必须对所有可能用到的拍摄场地进行实地调研,弄清楚哪些场地可以直接拍摄,哪些场地需经过沟通后才可以拍摄,哪些场地根本无法拍摄;无法拍摄的场地是否有替代场地,如无替代场地,对整部影片是否有影响等(图13-1-3)。

4.人员预防

拍摄对象的选择要特别谨慎,因为每一位出场的人物都对整部作品的构架有所影响。首先,找到最核心的人物,找到事件的参与者,了解事情的发展过程。其次,寻找目击者或者事件的受影响者。最后,要与出现在作品中的人物进行全面交流,了解其生活和工作状况,揣摩其性情,摸清其习惯,并让其通过预先体验,适应镜头,使其在被拍摄时仍能保持一如既往的生活状态。如果人物无法适应镜头,那他就一定不是最合适的拍摄对象。

(三)视角的选择

1.关注人物的命运
①主观视角。
②客观视角。
③主客观视角。

从理论上讲,可以选择任何人作为拍摄对象,但一定要考虑他们是否能适应镜头,是否对整部作品具有加分作用。

2.从事件展开
①开门见山。
②从事件中的一个生动个体切入。
③选择事件的一个点切入。

图13-1-3　摄影摄像专业同学劳动实践照片

(四)内容的选取

①选取典型人物。
②选取故事。
③捕捉细节。
④确定故事的高潮。
⑤安排一个能深化主题的结尾。

二、电视纪录片的策划

纪录片的策划文案一般包括提案和拍摄大纲两部分。提案是一种引起客户投资兴趣的有效的工具，是检验故事是否能吸引人的试金石。拍摄大纲是让参与纪录片制作的合伙人知道在资金筹备期、前期拍摄期、后期剪辑期，要做什么、将要做什么、怎么做、达到什么样的效果等。拍摄大纲可促使整体工作以预定的进度开展。

（一）提案写作

一个有效的纪录片提案要兼顾选题和故事两个方面。选题要有吸引力，故事要有感染力。提案是写给投资人看的，要条理清晰、简洁明了，这样才可能引来足够的投资。提案一般包括以下内容。

①选题介绍：简单扼要地说明选题的来源、社会文化背景及其亮点。

②选题原因：说明拍摄的目的以及影片能给观众带来什么有益的思考和收获。

③项目结构：选题如何展开故事，如何构建故事框架，故事吸引人的地方有哪些。切记要避免使故事停留在采访层面。

④项目人员：包括主创人员、专家团队、拍摄对象等。

⑤基本概述：对即将拍摄的作品进行便于理解的描述，即事先用文字的方式描述将要拍摄的画面。这是拍摄前的调查与拓展阶段。通过文字描述，人们可了解故事的发生、发展、高潮、结束。

⑥制作预算：通过对制订计划、剧本创作、前期拍摄、后期制作、人员费用等方面进行预算，了解资金的使用状况，从而合理地预测整部作品的投入资金。

（二）拍摄大纲

拍摄大纲是对作品的各个制作阶段的安排，是推进摄制工作的文字文本，可揭示影片结构中的拍摄元素。大纲是用来确认叙事链和观点的材料。许多拍摄大纲是在策划文案的基础之上产生的，是整个拍摄行动的指南。大纲的内容多是对视听画面效果的描写。大纲中会有较多关于角色行为动作的描述，也有部分关于环境的画面衬托、节的发展变化等的叙述。大纲可将故事的各个侧面串接成一个个可供拍摄的单元，以此来帮助制作团队捋清故事脉络。拍摄大纲包括以下内容。

①阐明主题：大纲要说明主题是什么和要向人们说明什么的问题，这是整个创作的基本出发点。只有主题明确，创作团队才能始终保持清醒的思路，避免出现偏差。

②确定内容：根据主题要求，决定选用哪些内容来表现主题，这些内容是选取素材的基本依据。

③形成层次：根据内容的性质，综合考虑具体的结构形式，确定哪些内容在前，哪些内容在后，内容之间如何过渡等，最终形成作品的雏形。

④确定风格：根据主题的性质，决定作品的表现风格和形式，是以叙述吸引人还是以情感人，是以采访人物为主还是以拍摄风景为主，是依赖同期声还是解说词等。风格样式的不同决定了拍摄方式和结构方式的不同。

⑤文字要求：大纲的文字应尽量生动、有画面感。例如，描写人物动作时，文字要生动、具体，使摄像师能直接在脑海中进行构图。

三、电视纪录片的拍摄

纪实作品完成策划后即可进入拍摄阶段。场景不同，拍摄方法、内容也会有所不同。要带着故事进行拍摄，要尽可能地全面拍摄可能需要的镜头，随时做好抓拍准备，在意外出现的时候抓拍到可遇不可求的镜头(图 13-1-4)。

图 13-1-4　摄影摄像专业学生劳动实践照片

(一)拍摄前的准备

1. 资金到位

①调研费用。第一，现场调研费用，包括差旅费、协调费、伙食费等；第二，策划文案费用，包括差旅费、劳务费、伙食费等；第三，剧本创作费用，包括编剧的劳务费、差旅费等。

②前期费用。第一，摄制组人员费用；第二，被摄主体费用；第三，设备费用；第四，场地租赁费用；第五，后勤费用。

③后期费用。第一，后期人员费用；第二，后期设备费用；第三，宣传费用与日常费用。

④杂费。第一，不可预计的费用；第二，人员设备的保险费用；第三，各种合同的法律咨询费用和签订费用

2. 人员到位

①制片人。制片人除了要完成制作工作外，还要负责销售环节，还会通过参加影展、大赛等手段来延长作品的生命力。制片人集生产、销售、会计于一身，他既要了解受众的喜好，要预算和分配各方面的费用，并监督经费的使用，还要是个社交能手，制片人要求能与导演进行良好的沟通，既能了解拍摄计划，又能完成影片宣传。

②导演。导演主要是对作品的呈现效果和主题思想负责。他必须指导甚至参与前期的调研工作，组建工作小组，确定拍摄内容，制订拍摄计划，指导摄像师和剪辑师工作，调度被拍摄者，最终完成摄制工作。

③摄像师。摄像师要通过镜头画面把导演的意图表现出来，这就要求摄像师有极强的影像感知，对构图及其效果独具慧眼，善于利用摄像设备捕捉被摄主体的细节，彰显被摄主体的个性。摄像师必须时刻知道自己该拍摄什么内容，通过什么样的机位与角度、用什么样的拍摄手法等。摄像师拍摄的内容要让观众能看懂，并给观众以美的享受。

④灯光师。灯光师是负责装配灯光设备的人，他要了解电工知识，懂得灯光造型效果。灯光师要能够按照摄像师要求的现场氛围打光，确定主光的角度与方向、辅助光的光强等。灯光师通常由摄像师挑选，有的摄像师直接兼任灯光师。

⑤录音师。录音师要求是录音设备与话筒拾音方面的专家，他应具备超强敏感的听力，对录音工作细致、耐心。拍摄现场既要求有高品质的拾音，又要求话筒及话筒的影子都不能出现在画面中。录音师有时会与灯光师在设备布位上发生冲突。

⑥制片。制片要负责道具、设备的运送与摆放，有的制片会帮助摄像师做场记，或帮助导演协调演员等。

⑦后期剪辑师。后期剪辑师是最终实现导演思想，完善作品结构，与导演一起从拍摄素材中找到故事的主线和影片的主题的人。剪辑师要有很强的表达力和协调力，对素材有敏锐的洞察力。在纪实作品剧组中，剪辑师可以称得上是副导演。

3.设备的准备

（1）设备的选择。

音频录制设备包括话筒、挑杆、防风罩等。在嘈杂的环境中拍摄时，应选动圈式话筒；在安静的环境中拍摄多人时，应选用全指向性话筒；当单人拍摄或多人距离不同时，就要选用超指向性话筒；在风大的环境里要使用皮毛防风罩。灯光设备，要准备镝灯、LED 灯、机头灯等。在电源稳定、经费充足时，可选用镝灯；要用电池供电时，就要选择 LED 灯；在白天补光时要选高色温灯，在夜晚照明时要选高显色性灯。在经费允许的情况下，建议尽量使用专业设备，这样既能保证整体质量，又能减少甚至避免在使用过程中出问题(图 13-1-5)。

图 13-1-5　摄影摄像专业学生劳动实践照片

（2）设备的选择。

确定了主摄像机后，整部作品的画面效果就基本确定了，这时还要做好设备的检查工作，保证电池充满、记录耗材充足、设备参数调整准确、选择辅助设备合理，以保证拍摄过程万无一失。在拍摄固定镜头时，尽量使用脚架拍摄；拍摄移镜头时，尽量使用斯坦尼康或轨道来保证画面的稳定；需要升降镜头时，尽量使用无人机或摇臂，因为这些设备能拍摄出一些视角特殊且运动轨迹不同的画面(图 13-1-6)。

(二)拍摄方式

①单机跟拍。
②多机拍摄。
③深入拍摄。
④隐藏拍摄。

(三)采访录制

①采访准备：谁采访；采访谁；采访环境。

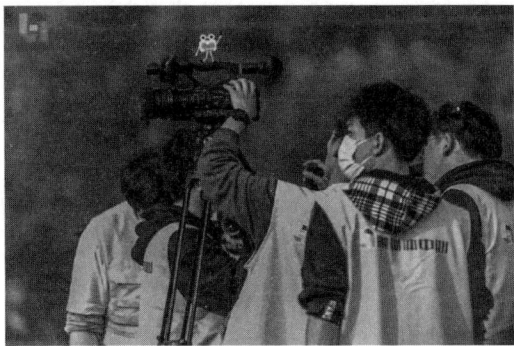

图 13-1-6　摄影摄像专业学生劳动实践照片

②话题设计：多用自由话题，避免引导式问题；多用开放式话题，少用封闭式话题；慎重提出尖锐问题。

③机位摆放：面对被采访者；旁观视角；多元化拍摄。
④采访控制：采访节奏控制；数量控制；态度控制。

(四)拍摄过程

①带着故事拍摄。
②带着剪辑思路拍摄。
③细节拍摄。

(五)情景再现

①完整再现。
②引导再现。
③纪实风格影片。

任务实施

一、成立模拟电视纪录片剧组

(一)材料准备

准备好以下材料。
①剧组资本，包含资金和设备。
②拟定剧组名称，确认制片人、导演以及主创人员。
③制片人、导演、摄像师、录音师、制片、后期剪辑师等其他工作人员名册。
④纪录片拍摄业务职责。
⑤国家相关职能部门颁发的各种行业许可证。
⑥有关剧组的行业规定。

二、确定电视纪录片的选题

(一)策划创意阶段

1.注意电视纪录片的主题方向的限定

鉴于同学们都是在校大学生，因此纪录片应是公益性的，而不是商业性的。纪录片必须导向正确，思想健康，主题突出，积极向上，表达明确，贴近生活，真实感人，富有创意，凸显特色。

建议选择现实题材，如：
①好人好事(见义勇为、新冠肺炎疫情防控阻击战、身残志不残、道德模范……)
②脱贫攻坚(扶贫工作队员……)
③技艺传承(非物质文化遗产……)

④地域特色(湖湘文化、当地文化……)

2.纪录片的长度限定

鉴于这一活动为学生工作劳动实践训练,制作成本有限,重在体验,因此纪录片时长控制在10分钟左右。成片在导出时时长必须为整数秒(不可多或少一些帧)。

三、策划电视纪录片

在明确上述两点限定以后,开始进行思考、策划、创意。按照电视纪录片的写作框架开始构思,确定好主题、标题、时长、旁白、音乐。

(一)确定模拟剧组构成

确定导演以及制片人,模拟剧组由拍摄组、灯光组、录音组、后期组、制片组构成。

(二)具体分工

导演:根据选题撰写分镜头脚本。想清楚每个镜头的表达,进一步细化、修改、完善,最后定稿分镜头脚本。

制片人:做好经费前期预算以及财务管理,监督和控制成本。大学生群体可以采用拉外联赞助、众筹、申请基金等多元的方式解决经费问题。

拍摄组:①前期拍摄时要对照定稿后的分镜头脚本一个一个镜头地拍。结合摄影摄像专业的全部知识内容,灵活运用各种现有技术进行拍摄,没有灯光(人工光)要善于利用自然光照明。②画幅(帧)大小要求为1920像素×1080像素,即FHD(全高清)。有设备、有条件、有技术的剧组可以采取3840×2160即UHD(超高清)-电视的4K标准进行制作。③成片帧速率为25 fps(帧每秒)。强烈建议有条件的剧组在前期拍摄时将帧速率升格为50 fps或60 fps(帧每秒)进行拍摄,这样后期如果需要做慢镜头将得到更加细腻的效果。④特殊摄像技巧不做要求。焦点漂移、升格、延时等特殊摄像技巧不做硬性要求,有条件的剧组可以尝试拍摄。⑤素材片段应尽量原创。如有航拍、大景、延时等确实需要其他素材,要限制非原创素材的使用量(≤5个镜头),并注意避免所用素材的版权问题。

录音组:前期拍摄时注意保留所拍摄视频素材的现场环境同期声,如果有演员台词对白或人物采访之类要录好(多录几遍,一定要确认无误才作罢,即声音清晰无杂音、音量大小合适)。有条件的剧组使用话筒,没条件的利用多台设备、多次录制、靠近声源等手段解决。

后期组:①剪辑手法灵活且运用得当;②懂得控制全片节奏;③音乐音效素材不限定,但是要与作品主题相契合;④要注意音乐节奏和音乐截取后的整体性,不能太零乱。⑤音乐音效处理得当后,注意调整和优化各部分音频之间的音量,使其符合标准;⑥转场、特效、调速、调色等可自行斟酌使用,以"合适"为使用原则。

制片组:负责片场的道具、设备的运送与摆放,同时帮助导演协调演员等。

四、拍摄电视纪录片

拍摄过程具体安排如表 13-1-1 所示。

表 13-1-1　电视纪录片拍摄实施过程安排

时间	地点	负责人	具体内容
周一	教学楼	指导老师	召开电视纪录片制作动员大会——全体学生与指导老师参加；进一步明确电视纪录片制作的具体执行事宜，对各部门工作进行协调；选拔制片人和导演；共同探讨电视记录片的选题
周二	教学楼	导演、制片人	各部门明确自身的职责，包括： 导演：根据选题撰写分镜头脚本。想清楚每个镜头的表达，进一步细化、修改、完善，最后定稿分镜头脚本。 制片人：做好经费前期预算以及财务管理，监督和控制成本。大学生群体可以采用拉外联赞助、众筹、申请基金等多元的方式解决经费问题。 拍摄组：①前期拍摄时要对照定稿后的分镜头脚本一个一个镜头地拍。结合摄影摄像专业的全部知识内容，灵活运用各种现有技术进行拍摄，没有灯光（人工光）要善于利用自然光照明。②画幅（帧）大小要求为 1920 像素×1080 像素，即 FHD（全高清）。有设备、有条件、有技术的剧组可以采取 3840×2160 即 UHD（超高清）-电视的 4K 标准进行制作。③成片帧速率为 25 fps（帧每秒）。强烈建议有条件的剧组在前期拍摄时将帧速率升格为 50 fps 或 60 fps（帧每秒）进行拍摄，这样后期如果需要做慢镜头将得到更加细腻的效果。④特殊摄像技巧不做要求。焦点漂移、升格、延时等特殊摄像技巧不做硬性要求，有条件的剧组可以尝试拍摄。⑤素材片段应尽量原创。如有航拍、大景、延时等确实需要其他素材，要限制非原创素材的使用量（≤5 个镜头），并注意避免所用素材的版权问题。 录音组：前期拍摄时注意保留所拍摄视频素材的现场环境同期声，如果有演员台词对白或人物采访之类录好。有条件的剧组使用话筒，没条件的利用多台设备、多次录制、靠近声源等手段解决。 后期组：①剪辑手法灵活且运用得当；②懂得控制全片节奏③音乐音效素材不限定；但是要与作品主题相契合；④要注意音乐节奏和音乐截取后的整体性，不能太零乱；⑤音乐音效处理得当后，注意调整和优化各部分音频之间的音量，使其符合标准；⑥转场、特效、调速、调色等可自行斟酌使用，以"合适"为使用原则。 制片组：负责片场的道具、设备的运送与摆放，同时帮助导演协调演员
一个月后	教学楼	导演、制片人	剧组主要负责人考察、调研拍摄场景，协调采访对象
一个月后	办公室	导演	对电视纪录片策划方案进行打磨，修改流程，完善细节
两周后	片场	导演	各剧组成员分场景拍摄素材
一个月后	教学楼	导演、后期组	完成后期剪辑，提交作品

任务评价

考核方式为评分考核，总分100分（工作效果60分，实训过程中的表现40分），各部门负责人由指导老师评分，部门工作人员由指导老师结合组内自评评分。本实训计入相关课程的实践成绩，具体比重由各课程教师自行掌握。

学生实训成绩登记表、实训鉴定表、实训总结。

项目十三

任务卡

班级		姓名		组号	学号		时间

任务	制作电视纪录片	评价 方法	视频、照片
任务分工 及执行情况			
总结			
心得体会			

自我评价	优秀□　　良好□　　及格□　　不及格□
同学评价	优秀□　　良好□　　及格□　　不及格□
教师评价	优秀□　　良好□　　及格□　　不及格□

项目十四

表演艺术专业劳动技能

任务一 《奋斗新时代 青春靓起来》
——"不忘初心 牢记使命"湖南大众传媒职业技术学院
影视艺术学院专业汇报演出

一、晚会题目

《奋斗新时代 青春靓起来》——"不忘初心 牢记使命"湖南大众传媒职业技术学院影视艺术学院专业汇报演出

二、晚会背景

2019 年是中华人民共和国成立 70 周年，2020 年将迎来全面建成小康社会之年。

70 年来，湖南创新引领开放崛起，建设富饶美丽幸福新湖南，湖南的社会、经济、文化方面建设出现了翻天覆地的新变化。"复兴号"列车带领湖南"智造"驶上快车道，由"追赶者"变为"领跑者"；超级杂交水稻引发"绿色革命"誉满全球；马栏山视频文创产业园向阳而生，广电湘军闪亮文化星空；岳麓峰会智能网联汹涌澎湃引领时代大潮；湖南国际朋友圈遍布五大洲，"汉语桥"共筑友谊桥，中非经贸博览会永久落户……

湖南大众传媒职业技术学院是全国第一所按"前台后院"模式组建的公立传媒类高职学院，是国家汉办设立在湖南的"国际汉语言文化传播基地"，是湖南广播电视台节目生产基地，被誉为"广电湘军"的摇篮。

三、晚会主题

晚会主题为"青春洋溢中国梦"。

主题阐述：

为献礼中华人民共和国成立 70 周年，迎接 2020 全面建成小康社会之年，在奋斗新时代背景下、在迎新之际，湖南大众传媒职业技术学院不忘初心、牢记"广电湘军"接班人的使命，特此举办《奋斗新时代 青春靓起来》晚会，展现中华人民共和国成立70年来湖南改革发展取得的巨大成就，充分展示在高质量发展、"一带一路"建设、自主创新、精准扶贫等重大国家战略中的湖南优势、湖南作为、湖南亮点，全面讲好创新引领开放崛起的湖南故事。

四、晚会结构

第一章节：青春牢记篇

不忘初心。节目聚焦中华人民共和国成立70年来大事记，展示湖南改革发展取得的巨大成就，在高质量发展、"一带一路"建设、自主创新、精准扶贫等重大国家战略中的湖南优势、湖南作为、湖南亮点，全面讲好创新引领开放崛起的湖南故事，体现湖南大众传媒学院"不忘初心 牢记使命"。

第二章节：青春快乐篇

牢记使命。节目聚焦2019年湖南大众传媒学院师生共创佳绩的青春朝气故事，展现迎新2020年的美好愿景。它通过讲述新时代青年励志成为社会主义建设者和接班人的故事，展现湖南大众传媒学院引领青年学生走好新时代的长征路，带领他们校准人生航向，涵养奋斗品行，德智体美劳全面发展，凝聚青春力量，讲好青春故事，贡献青春智慧，绽放青春光彩，实现青春价值。

第三章节：青春奋斗篇

展望未来。节目聚焦乡村振兴奔小康、5G背景下媒体融合大数据时代的故事，迎接2020全面建成小康社会之年。节目展现当5G与媒体融合相遇，大众传媒人对媒体融合的未来发展的更多想象力和期待讲好中国故事，传播好中国声音，让我们的"朋友圈"越来越大，让人类"命运共同体"意识融入世界人民的心，一直是湖南大众传媒职业技术学院加强教育国际交流和汉语国际推广工作的努力方向。

五、晚会时间

时间：2019年12月13日19:00；

时长：约90分钟。

六、晚会地点

地点：田汉实验剧场。

七、晚会流程

开场

歌舞——《我们都是追梦人》

节目形式：

学院学生暖场表演流行音乐曲目《我们都是追梦人》，带动现场气氛。

节目阐述：

在 2019 年新年贺词中，习近平总书记回望过去一年极不平凡的追梦之旅，满怀信心寄语亿万人民勇敢踏上追寻梦想的新征程，"我们都在努力奔跑，我们都是追梦人"。这一歌正是以这句亲切的话语、殷切的期待，激励着每一个人继续在奔跑中拥抱梦想、成就梦想。

第一章节：青春牢记篇

1）舞台剧——《田汉眼中的中国》片段

节目形式：

学院学生跟田汉大剧院舞台剧演员学习演绎《田汉眼中的中国》舞台剧的创作《义勇军进行曲》片段。

节目阐述：

田汉出生于湖南省长沙县，他写的《义勇军进行曲》，经聂耳谱曲传唱全国，被定为中华人民共和国国歌。他不仅是中国革命戏剧运动的奠基人和戏曲改革事业的先驱者，也是中国早期革命音乐、电影事业的卓越组织者和创造者。湖南大众传媒学院学生通过演绎《田汉眼中的中国》的故事，追忆红色革命，体现爱国之情。

2）舞蹈——《袁隆平的梦》

节目形式：

学院学生舞蹈演绎《袁隆平的梦》。

节目阐述：

湖南创新引领"智造"高地，一粒种子改变一个世界，袁隆平院士培育的超级杂交水稻引发"绿色革命"誉满全球。《袁隆平的梦》用舞蹈形式讲述了袁隆平的水稻梦。

3）二重唱——《为祖国干杯》（主持词体现全国职业技能大赛学生获奖故事）

节目形式：

全国职业技能大赛二等奖获奖学生汪筱燕、郑东洋演唱曲目《为祖国干杯》+分享比赛感受（或在主持词中体现）

4）声音演绎——《共和国的声音》

节目形式：

学院学生编排声音演绎节目《共和国的声音》。

节目阐述：

湖南大众传媒职业技术学院是湖南广播电视台节目生产基地，被誉为"广电湘军"的摇篮。播音主持专业学生发挥本专业的优势，用声音演绎延安新华广播电台、新中国第一位男播音员齐越的故事，展现播音员的延安精神。

5）舞蹈+故事分享——土家族舞蹈《送爱途中》+《王静蕾的故事》

节目形式：

学院学生编排演绎土家族舞蹈《送爱途中》，引出学院 2018 级土家族学生王静蕾讲述参与中华人民共和国成立 70 周年阅兵式的故事以及感悟。

节目阐述：

2019 是中华人民共和国成立 70 周年，学院 2018 级学生王静蕾 10 月 1 日作为民族团结方阵的代表参加中华人民共和国成立 70 周年庆祝大会的游行活动，并接受全国人民的检阅。这对于 19 岁的王静蕾来说，是一件意义非凡的事情，这也是所有湖南大众传媒学院人、所有中国人对祖国的热爱，对民族的自豪感的体现。

第二章节：青春快乐篇

6）歌舞——《本草纲目》

节目形式：

学院学生用歌舞的形式展现青春主题。

节目阐述：

该歌曲杂糅了美式嘻哈风和中国风，用诙谐幽默的嘻哈元素让曲风鲜活起来，充满创意，另外歌曲名取自经典医书《本草纲目》，歌词里还用了 16 种古老的药材名，让年轻人大开眼界，了解中华民族的智慧。

7）朗诵《播音论》+教学改革 VCR+老师故事分享

节目形式：

学院 4 名老师加 14 名学生朗诵《播音论》+大屏幕播放全国职业教育大赛学院荣誉 VCR 视频展示，获奖老师团队（李兵、吕新艳、蒋丽芬、潘丹芬）现场分享参赛故事。

8）歌曲表演——《When you believe》

节目形式：

王异希和谢琪演唱《When you believe》。

节目阐述：

演唱英文歌《When you believe》，意在告诉大家，只要心存相信就会创造奇迹。

9）视频 VCR——《优秀毕业生的故事》

节目形式：

主持词串联，VCR 征集混剪学院优秀毕业生们的故事（自我介绍+工作+对学弟学妹的期待以及对学校的祝福），以这种形式为学校及大众学子送上美好的祝福。

10）吉他版弹唱——《我在特立路上》

节目形式：

主持词中展现张艳纯老师参加全国职业教育联盟故事，主持人吉他弹唱《我在特立路上》吉他版曲目，引出湖南大众传媒学院师生编排的校园歌曲《我在特立路上》。

节目阐述：

学院学生用歌舞的形式展现青春校园主题故事。

第三章节：青春奋斗篇

11）歌舞——《神秘湘西》

节目形式：

大众学生粟子希演唱《神秘湘西》，大众学生伴舞。

节目阐述：

《神秘湘西》节目既有沈从文笔下展现的、黄永玉丹青描绘的神秘湘西，又展现着正沐浴着新时代春晖的湘西，牢记习近平总书记的嘱托，走出一条可复制推广的"精准扶贫"之路。

12）配音秀——电影《集结号》片段

节目形式：

湖南大众传媒学院影视艺术学院播音主持专业学生现场演绎电影《集结号》经典片段。

节目阐述：

学院学生通过现场演绎电影《集结号》经典片段配音。电影讲述了解放战争期间九连连长谷子地接受了一项阻击战的任务，展现了红色革命精神。

13）舞蹈——《戈壁沙丘》

节目形式：

2017级舞蹈专业男生表演节目《戈壁沙丘》。

节目阐述：

一群热爱故土的青年手捧酒囊，满怀着对草原生态环境改观的期待。

14）朗诵——《献给母亲的歌》

节目形式：

李兵、易培、吕新艳、潘丹芬四位老师领诵+王猜猜钢琴伴奏+LED大屏播放视频混剪片段加追光的形式，朗诵《献给母亲的歌》。

15）歌舞表演——《我和我的祖国》演唱+民族舞伴舞

节目形式：

张艳纯和龙开义领唱《我和我的祖国》，学生们着当地特色服装演绎民族风伴舞。

（参考大型晚会如春晚等结尾形式）

节目阐述：

近年来，湖南大众传媒职业技术学院积极办好国家汉办在湖南设立的"国际汉语言文化传播基地"，创新实施一年一度的"汉语桥"世界大学生中文比赛，招收来华留学生，开展面向"一带一路"国家传媒类专业人才培养。

八、晚会前期时间安排

（一）节目排演时间节点

①11月15日前拟定策划方案并交院领导/老师签字审批。

②11月26日各小组内部节目初步+宣传片初步审核，其间各组织联系编排节目、安排时间进行排练，根据意见及时修改完善。

③11月29日13:30院领导对参与节目进行审核。

④12月10日节目三审（待定）。

⑤12月12日彩排。

⑥12月13日上午带妆上机彩排，19:00晚会开始。

（二）活动组时间节点

①11月15日前拟定晚会执行方案、主持词并交院领导/老师签字审批。

②11月29日前定好详细晚会执行方案、主持词并交院领导/老师签字审批。

③12月10日前执行方案、主持词、宣传物料等审批定版。

九、分工表

表 14-1-1 所示为晚会分工表。

表 14-1-1　晚会分工表

总导演	×××		
导演	×××		
执行导演	×××		
声乐指导	×××		
舞蹈指导	×××		
主持人			
分类	节目名称	负责老师	联系方式
节目分工	歌舞——《我们都是追梦人》		
	舞台剧——《田汉眼中的中国》片段		
	舞蹈——《袁隆平的梦》		
	二重唱——《为祖国干杯》		
	声音演绎——《共和国的声音》		
	舞蹈+故事分享——《送爱途中》+《王静蕾的故事》		
	歌舞——《本草纲目》		
	朗诵《播音论》+教学改革 VCR+老师故事分享		
	歌曲——《When you believe》		
	视频 VCR——《优秀毕业生的故事》		
	弹唱——《我在特立路上》		
	歌舞——《神秘湘西》		
	配音秀——电影《集结号》片段		
	舞蹈——《戈壁沙丘》		
	朗诵——《献给母亲的歌》		
	歌舞表演——《我和我的祖国》+民族舞伴舞		
文稿	主持词		
晚会活动	执行方案、晚会统筹、拍摄执行对接、现场调度协调		
	宣传物料、物美等		

十、晚会后期工作

①评选晚会优秀节目。

②新闻稿发布。

③书面总结。

项目十四

任务卡1

班级	姓名	组号	学号	时间

任务		评价方法	视频、照片

任务分工及执行情况	

总结	

心得体会	

自我评价	优秀□　　良好□　　及格□　　不及格□
同学评价	优秀□　　良好□　　及格□　　不及格□
教师评价	优秀□　　良好□　　及格□　　不及格□

任务二 ITV 新闻频道
清明小长假现场报道实训总结

表 14-2-1 所示为实训具体内容。

表 14-2-1　实训具体内容

指导教师	组别	实训时间	实训地点
蒋丽芬	新闻特色组	2017 年 4 月 1 日	长沙火车站 长浏高速三一大道收费站
实训内容	1.实训的主要目的 ①锻炼现场观察和判断能力、对素材的收集和整合的能力。 ②把所学的专业新闻采访技巧和提问技巧运用到实地现场报道里。 ③锻炼语言表达能力和语言组织能力。 ④考验个人在现场应对突发事情的能力。 2.实训的主要内容 　16 人分为 4 个小组，每小组 4 人，两两合作进行现场的资料收集和整合，针对同一件事情可以有不同的角度，在报道前每个人在规定时间内报上选题。 3.活动方式 以小组为单位自行组织选择交通工具： ①公交车 703>地铁 2 号线 ②公交车 503>地铁 2 号线		

各小组总结：

第一组(丁苗苗组)

1. 人员分工

由文馨悦、欧永强、丁苗苗分别负责高速收费站、长沙火车站、长沙火车南站的现场报道，由谌相豪负责现场摄像，如图 14-2-1 所示。

图 14-2-1　第一组现场报道

2. 出现的问题

前期准备不足，导致在进行现场报道的时候浪费了很多的时间，空镜头拍摄不够，以及应对突发情况时手足无措，同时抗干扰能力较弱。

3. 取得的收获

这次实训让我们身临其境体验真实的现场报道，而要真正做到看到什么就要报道什么难度还是很大的。现场报道要求我们有很强的思维逻辑能力，要条理清晰同时口齿清晰地向观众表达自己的所见所闻。在这个过程中身后不时地有人抢镜以及有人不停地盯着自己看，这就要求我们要有很强的抗干扰能力。这次实训也让我们了解了现场报道应该具备的能力和应保持的状态。

4. 总结

此次实训让我们意识到了自身的不足，同时也看到了自己和别人的差距，更真实地体验了现场报道可能会遇到的各种突发情况，也让我们知道现场应变能力和自己的思维逻辑十分重要，在今后的学习中我们也会更加注重关于现场报道的练习。

第二组 (刘蕾组)

此次实训以"清明小长假"出行高峰为主题，在长沙火车站、长浏高速三一大道高速收费站两个地点进行仿真实地现场报道练习。

　　在练习过程中，我们真切地体会到出镜记者的难处——需要在短时间内尽可能地收集信息，抓住细节，在出镜时要具备较强的抗干扰能力；对于摄像，需要在复杂的现场环境中做到保证构图合理，突出重点。

　　在长沙火车站，我们分别对售票大厅车次晚点、清明临时增开 19 趟临时旅客列车、进站口采用全新自动人脸识别检票机、特警加强火车站安保级别做现场报道。在长浏高速三一大道高速收费站，我们对增加临时通道、高速交警值班随时应对突发状况、现场车流增大进行现场报道。图 14-2-2 所示为现场报道情形。

图 14-2-2　第二组现场报道

这一次的仿真交通现场报道，我们组的成员在应对突发状况、现场新闻信息收集整理、出镜记者语言逻辑和现场感、工作时的交流合作上都得到了很好的锻炼和很大的提升。一个好的主持人，首先得是一个好的记者。所以这一次的练习对以后上岗工作来说是一次很好的经验积累。

第三组(陈莎组)

4月1日13:30ITV小组一行16人在一区后勤服务部前坪集合。一个小时后，我们顺利地抵达了此行的第一站——长沙火车站。半个小时内4个小组需要分别完成4个方向的现场报道。虽然前期分工明确，但是时间非常紧迫，于是我们在茫茫人海中快速地寻找着可以报道的新闻线索。

我们首先选择报道的地点就是火车站的售票厅。一到售票厅，人都是根本挤不进去的。第一次我们在大厅外面做了一个现场报道，但是秉着新闻人追求更具体的新闻的精神，第三小组还是义无反顾地投身到了人海里。幸好我们都比较苗条，所以还不至于卡在人群里不得动弹。在大厅里，我们发现所有的窗口都开通了，但是仍然满足不了旅客的需求。我们还发现了一个非常有趣的现象，那就是整个大厅貌似分成了两半，其中退票改签窗口的人明显多于购票窗口的人。经过了解后我们知道，现在大多数的人是采取网上购票的形式，但是由于取票的人太多，火车已到发车时间，但是票还没到手，不得已只能改签。

采访到一名正在退票改签窗口排队的张先生，他表示自己花了两个多小时排队取票，但是仍然没有取到票，错过了火车，只能改签，现已花了一个小时排队。这让我们不禁为久久等候的他们以及他们艰辛的回家路着急起来。节假日期间长沙火车站的工作人员也是尽最大的努力在便民利民。采访到一名火车站的工作人员肖女士，她表示火车站不仅增开了列车而且开通了一个取票厅来提供服务。

半个小时很快就过去了，幸好我们一路狂奔终于按时完成了任务。我们马上转战下一站——长浏高速三一大道收费口。在高速收费口做新闻对我们来说无疑是一个很大的挑战，时间短，难度大。我们到达时已经进入下班的高峰期了，车流量非常大，这给我们此行带来了极大的挑战。

原来计划四点半结束，但延迟了将近一个小时——我们花了大部分时间在交通上。虽然剩下的时间不多，但是每一分钟都在学习，每一分钟都在成长。出去实训产生的效果明显会比坐在教室里要来得快而且更易落在实处。火车站的半小时实训对我们来说是一个不小的考验——需要找到新闻线索，进行现场报道、采访。其中有不少人会直接从报道现场中间穿过，或者直接撞到我们，这些情况都有发生。如何解决，如何调整你的心态，如何协调合作，这些都需要耐心地沟通与交流，当然配合默契也十分的重要。第一次真刀实枪地上了"战场"，我们的心里是打着鼓的，没有底，紧张，一紧张就导致不知道自己在说什么。很多的要点可能事后才会想起来，但是已经晚了。

从这次实训中我们深刻地认识到了自身有很多的不足，比如配合不够默契，语言的快速组织能力不够，随机应变的能力缺乏等。但是我们很感谢蒋丽芬老师，感谢这次实训，它让我们与真实的社会现象近距离接触，让我们有机会走出校园，走近人们的生活，了解他们的苦与忧，说他们想说的话，解他们解不开的愁。是他们让我们更加坚定地想做一个优秀的新闻人。感谢小伙伴们的友好配合——做新闻人很辛苦，但是没有人有半句怨言。即使是不断地卡壳，他们也会说："没有关系，缓口气再来一遍。"

虽然这次实训结束了，但是学习的路还很长，我们继续加油前进！图 14-2-3 所示为第三组现场报道。

图 14-2-3 第三组现场报道

第四组(舒亚兰组)

作为电视新闻传播中和观众连接最直接、最能传情达意的主导人物，记者要想让新闻更加吸引观众，就需要在采访中不断地强化现场感。这既是对记者的一项基本要求，也是记者在新闻报道中应当掌握的技巧。可见现场报道的学习对于准新闻工作者的重要性。

新学期，我们花费了大量时间来学习和摸索现场报道中的"现场感"。所谓现场感，就是以屏幕画面为主，以声音、语言为辅，把新闻事件及其现场真实地展现在观众面前，既体现出记者在现场，也让受众有一种"我"在新闻现场的直接参与感。而要找到现场感，最重要的就是需要"到现场去"，因此我们才有了本次清明假期现场报道的实训。图 14-2-4 所示为第四组现场报道情形。

图 14-2-4　第四组现场报道

在这次实训中，我们小组分工明确，现场报道记者共 3 组，分别是火车站李家琪、高速收费站廖宇沁、自定报道站舒亚兰，主持人王佳豪，摄像由组员们交替负责，在实训中组员们各司其职，完成作业。根据实训情况我们得出总结，具体如下。

1. 报道前信息搜集能力需加强

在到达现场之前，我组各站记者没有进行充分的信息搜集准备，因此在到达现场后，又花费了大量时间确定报道角度，这是很不应该的。

2. 采访方案和提纲准备需充分

在课程学习中，蒋丽芬有讲过，一个完整的现场报道应该由现场报道、现场采访和现场评论组成，而在具体的采访工作中，准备采访方案和采访提纲可以帮助我们在设定的具体的采访行动中找准方向，明晰现场情况，同时理清思路。但在这一次的实训中，我们前期准备不足导致时间不够，从而无法进行进一步的现场采访，这是需要我们在往后的学习和工作中引起重视的。

3. 检查设备时不够仔细

本次实训中，在第二站——长浏高速三一大道收费站录制的视频的音频缺失，原因是在录制的过程中收音设备调试不当并且在录制结束后没有进行检查。在后期的剪辑过程中，我组记者廖宇沁通过对口型配音弥补了我们的这一失误。

除此之外，我们还有很多细节问题需要去纠正和改进的，比如主持人出镜时的镜头感，记者现场报道的语言组织与表达能力。总而言之，在短暂的实训过程中，我们深深地感觉到自己所学的知识和在实践中运用时的区同，这个时候才明白什么叫学无止境。

ITV 新闻频道

2017 年 4 月

项目十四　　　　　　　　　　　　**任务卡 2**

班级		姓名	组号	学号	时间
任务				评价方法	视频、照片
任务分工及执行情况					
总结					
心得体会					
自我评价		优秀□　　良好□　　及格□　　不及格□			
同学评价		优秀□　　良好□　　及格□　　不及格□			
教师评价		优秀□　　良好□　　及格□　　不及格□			

模块四　社会劳动技能

项目十五

"三下乡"劳动技能

任务一　暑期"三下乡"劳动实践

学习目标

1. 庆祝中国共产主义青年团建团100周年，喜迎二十大，深入学习宣传贯彻习近平新时代中国特色社会主义思想。

2. 在社会课堂中"受教育、长才干、作贡献"，坚定信念听党话、跟党走，投身乡村振兴战略、落实"三高四新"战略定位和使命任务。

3. 让学生了解暑期"三下乡"的工作内容，引导和帮助广大青年学生学习和践行社会主义核心价值观。

4. 培养学生的团队协作能力，使其在劳动实践中增强合作精神。

学习任务

1. 管理学院全体学生模拟"三下乡"团队，策划并组织一场暑期"三下乡"活动，为乡村送去文化、科技、卫生以及新思想。

2. 模拟"三下乡"团队的机构设置，将学生分到四个部门，包括支教部、宣传部、后勤部和调研实践部，每个部门明确分工和任务，由专业老师指导。

案例导入

以真心捧起乡村笑颜

2022 年 7 月中旬，湖南怀化三桥村迎来了一群来自广东工业大学"爱满童心"实践团的新朋友。12 名大学生要在这里开展为期 10 天的下乡实践活动。

这群来自他乡的志愿者，尝试用他们的方式抚慰当地孩子的心灵（图 15-1-1）。"当地许多儿童性格内敛，不愿与他人交流，感觉他们内心有一面封闭的墙。"队员林清景说。为了让孩子们找回自信心，他们在村里设立了爱心邮箱，鼓励孩子们写信倾诉烦恼（图 15-1-1）。

图 15-1-1 "三下乡"的大学生们和留守儿童谈心交朋友

得知当地苗族儿童能歌善舞，他们决定在三桥村举办一场乡村音乐会。晚会举办当天，孩子们勇敢走上舞台，歌声清脆嘹亮，舞蹈欢快灵动。"那天很忙很累，但看到孩子们那自信的笑容，真心觉得值。"队员们说。

大学生暑期"三下乡"社会实践活动，不仅能为服务的乡村送去文化、科技、卫生以及新思想，也能提升大学生的思想道德水平和劳动实践能力。20 个世纪 80 年代初，团中央首次号召全国大学生在暑期开展"三下乡"社会实践活动。1996 年 12 月，中共中央宣传部、国家科学技术委员会、文化部等十部委联合下发《关于开展文化科技卫生"三下乡"活动的通知》。1997 年，"三下乡"活动在全国正式开展。

你知道暑期"三下乡"社会实践活动要如何实施吗？知道实施暑期"三下乡"社会实践活动需要具备哪些知识吗？让我们一起携手，共同策划一场暑期"三下乡"社会实践活动吧！

知识储备

一、"三下乡"劳动实践

（一）什么是"三下乡"

"三下乡"即有关文化、科技、卫生方面的内容知识在农村普及，以促进农村文化、科技、卫生的发展。开展"三下乡"活动，是为了促进农村文化建设，改善农村社会风气，密切党群、干群关系，深入贯彻党的十四届六中全会精神，大力推进农村精神文明建设，满足广大农民的精神文化生活需求。大力开展文化、科技、卫生"三下乡"活动，是我们党全心全意为人民服务宗旨的具体体现(图15-1-2)。

图 15-1-2 2022 年湖南大众传媒职业技术学院管理学院三下乡暑期社会实践

(二)"三下乡"的服务内容

1. 理论普及宣讲

紧紧围绕迎接党的二十大胜利召开，开展深入学习宣传贯彻习近平新时代中国特色社会主义思想活动，以习近平总书记寄语青年学生、给"青年红色筑梦之旅"活动大学生重要回信精神、《习近平与大学生朋友们》等为主要内容，通过面对面、小范围、互动式宣讲，讲透创新理论、讲好发展成就、讲清形势任务、讲明发展前景。

2. 党史学习教育

深入学习宣传贯彻党的十九届六中全会精神，把庆祝建党百年激发的爱党爱国爱社会主义热情传递下去，学习宣传党的百年奋斗重大成就和历史经验，依托各地红色资源，开展重走红色足迹、追溯红色记忆、访谈红色人物、挖掘红色故事、体悟红色文化等多种形式活动，持之以恒推进党史学习教育常态化长效化，引导青年学生学史明理、学史增信、学史崇德、学史力行。

3. 助力乡村振兴

深入贯彻落实习近平总书记关于"三农"工作的重要论述，发动青年学生了解认识乡村，广泛实施教育关爱、爱心医疗、科技支农、基层社会治理、生态文明建设等领域的重点项目，帮助发展乡村产业，改善基础设施，美化乡村环境，提升乡风文明，促进乡村公共服务，讲好乡村振兴故事。

4. 发展成就观察

聚焦党的十八大以来党和国家取得的历史性成就、发生的历史性变革，以中国大地为课堂，组织青年学生在社会观察、国情省情考察、基层治理参与、特色产业调研、学习体验中了解国情省情社情民情，感受祖国发展变化，感受全过程人民民主的生动实践。

5.教育关爱帮扶

关注农村教育基础薄弱地区，开展青少年心理健康疏导和培训、学业辅导、亲情陪伴、自护教育、素质拓展、敬老孝亲等形式的精准关爱志愿服务活动，关爱事实无人抚养儿童、留守儿童、不良行为青少年、残障儿童、服刑人员子女等青少年特殊群体。

(三)"三下乡"的活动要求

1.高度重视，积极谋划

各团总支要精心组织，做好活动策划动员和组织实施工作，按照活动要求，结合实际，充分整合资源，制定切实可行的活动方案，引导青年学生了解国情社情民情、提高社会化能力。

2.创新载体，务求实效

各团组织要将线下积极开展与线上加强传播相结合，因地制宜通过"云组队""云调研""云访谈""云直播"等开展"云实践"，充分利用微信公众号、网络直播等新媒体手段，加强活动的宣传报道，扩大活动影响。

3.严格管理，确保安全

要始终把师生生命安全和身体健康放在首位，坚守意识形态和安全稳定底线，依法依规组织开展各项社会实践。选派相关专业老师带队指导，切实保障学生的人身和财产安全。

二、暑期"三下乡"劳动实践实施流程

(一)明确主题、时间以及地点

1.主题

为深入学习宣传贯彻习近平新时代中国特色社会主义思想和党的十九大和十九届历次全会精神，贯彻落实习近平总书记关于青年工作的重要思想，深入学习习近平总书记在庆祝中国共产主义青年团成立 100 周年大会上的重要讲话精神，引导和帮助广大青年学生上好与现实相结合的"大思政课"，在社会课堂中"受教育、长才干、作贡献"，坚定信念听党话、跟党走，投身乡村振兴战略、落实"三高四新"战略定位和使命任务，迎接党的二十大胜利召开。2022 年湖南大众传媒职业技术学院管理学院确定本年度的大学生志愿者暑期文化科技卫生"三下乡"社会实践活动的主题为"喜迎二十大·永远跟党走·奋进新征程"。

2.时间

2022 年暑期。

3.地点

综合考察，模拟实践地点定为湖南省湘西土家族苗族自治州龙山县。龙山县位于湖南西北部，地处武陵山脉腹地，连荆楚而挽巴蜀，史称"湘鄂川之孔道"。龙山县的大灵山脉的主峰万宝山最高海拔 1737 m，有"湘西之巅"的美誉；大安乡黄连坪是澧水的发源地，被誉为"澧水之源"。该县是湖南省旅游资源大县，境内有神奇的自然风光、浓郁的民俗风情和厚重的历史文化，是湖南省最先公布的 20 个旅游资源重点县之一。

(二)组建团队

按照集中服务村实际需求和"三下乡"服务队专业特点,将服务队分为支教部、宣传部、后勤部和调研实践部。

①支教部:负责为当地小学生提供美术、音乐、手工、舞蹈、体育、思想品德等课程教学。授课之前,须认真备课、书写教案、制作PPT;上课时,注意学生学情的发展;课后,批改学生作业,开展课后服务、家访等。

②宣传部:搬运和维护拍摄设备,记录每天的"三下乡"劳动实践活动,撰写下乡日记、宣传稿件;搜集"三下乡"劳动实践素材,撰写新闻稿件。

③后勤部:是确保"三下乡"劳动实践活动的坚强后盾,须确保全队的物资供应正常;采购安全食材并制作全队的餐饮;负责财务管理和教室、寝室卫生。

④实践调研部:为深入了解龙山县当地的实际情况,以及当地居民的民生问题,展开有目的的实践调研活动;为深入开展课题调研提供指南和依据,坚信实践出真知,努力给予村民们最大的帮助。

任务实施

一、成立暑期"三下乡"劳动实践团队

(一)暑期"三下乡"劳动实践团队成员招募要求

①湖南大众传媒职业技术学院在校大学生。
②具备不怕吃苦的精神、较强的服务意识、奉献精神、团队合作精神。
③具备较强的集体观念和组织纪律性,服从工作安排。
④具有良好的表达能力、语言沟通能力和工作协调能力。
⑤综合表现较好,具备某项特长(摄影、直播、一定的教学经验等的可优先考虑)。
⑥公开选拔,成立"三下乡"志愿者服务团。

(二)确定并联系对口服务乡镇

湖南省湘西土家族苗族自治州龙山县新桥村是学院对口帮扶的村庄,学院自2020年开始先后派出三名教师作为驻村扶贫干部。为使本次"三下乡"劳动实践活动走实、走深,团队提前跟驻村扶贫干部联系,多次深入调研,制定了有目的的活动方案。

(三)确定"三下乡"劳动实践任务书

①确定"三下乡"劳动实践的主题、时间以及地点。
②做好资金预算,确保财务来源。
③具体人员分工。
④活动的预定目标。

二、暑期"三下乡"劳动实践方案设计

(一)确定负责小组

由支教部、宣传部、后勤部和调研实践部组成"三下乡"劳动实践团队。

(二)确定活动主题

活动主题为"喜迎二十大·永远跟党走·奋进新征程"。

(三)具体分工

①支教部:负责为当地小学生提供美术、音乐、手工、舞蹈、体育、思想品德等课程教学。授课之前,须认真备课、书写教案、制作 PPT;上课时,注意学生学情的发展;课后,批改学生作业,开展课后服务、家访等(图 15-1-3)。

图 15-1-3　2022 年湖南大众传媒职业技术学院暑期"三下乡"劳动实践支教活动

②宣传部:搬运和维护拍摄设备,记录每天的"三下乡"劳动实践活动,撰写下乡日记、宣传稿件;搜集"三下乡"劳动实践素材,撰写新闻稿件(图 15-1-4)。

③后勤部:是确保"三下乡"劳动实践活动的坚强后盾,须确保全队的物资供应正常;采购安全食材并制作全队的餐饮;负责财务管理和教室、寝室卫生(图 15-1-5)。

④实践调研部:为深入了解龙山县当地的实际情况,以及当地居民的民生问题,展开有目的的实践调研活动;为深入开展课题调研提供指南和依据,坚信实践出真知,努力给

予村民们最大的帮助。

图 15-1-4 2022 年湖南大众传媒职业技术学院
暑期"三下乡"劳动实践宣传活动

图 15-1-5 2022 年湖南大众传媒职业技术学院
暑期"三下乡"劳动实践后勤卫生活动

(四)实施过程

实施过程具体安排如表 15-1-1 所示。

表 15-1-1 暑期"三下乡"劳动实践实施过程安排

时间	地点	负责人	具体内容
周一	教学楼	×××	上午召开"三下乡"劳动实践活动倒计时动员大会——全体学生与指导老师参加;招募服务志愿者
周二	教学楼	×××	确定服务队成员,选拔支教部、宣传部、后勤部和调研实践部四个部门负责人,分头完成各自的具体任务,撰写任务书
周三	教学楼	×××	上午:汇总任务书。 下午:各部门工作人员各就各位,布置任务
周四	办公室	×××	对照任务书情况修改流程、完善细节,筹备横幅、教案、调查问卷、音乐、视频等文件。 联系车辆、对接乡村
周五	教学楼	×××	上午:按时集结出发。 下午:到达对口服务地点,展开"三下乡"劳动实践活动

任务评价

考核方式为评分考核,总分 100 分(工作效果 60 分,实训过程中的表现 40 分),各部门负责人由指导老师评分,部门工作人员由指导老师结合组内自评评分。本实训计入相关课程的实践成绩,具体比重由各课程教师自行掌握。

能力拓展

学生实训成绩登记表、实训鉴定表、实训总结。

项目十五

任务卡 1

班级	姓名	组号	学号	时间

任务	参加"三下乡"劳动实践活动，撰写活动体会	评价方法	视频、照片、体会

任务分工及执行情况	

总结	

心得体会	

自我评价	优秀□ 良好□ 及格□ 不及格□
同学评价	优秀□ 良好□ 及格□ 不及格□
教师评价	优秀□ 良好□ 及格□ 不及格□

任务二 "关爱慢天使"青年志愿者活动

学习目标

1. 践行奉献、友爱、互助、进步的志愿服务精神。

2. 通过专业引领和创新引领，联合多方资源搭建服务平台，在志愿者活动实践中践行社会主义核心价值观，增强青年学生的社会责任感。

3. 通过志愿服务培训和实际工作，学会与人团结合作，学会关心他人，增强协作精神、团队精神和帮扶弱势群体意识，为国家和社会发展贡献自己的力量。

学习任务

1. 组织动员广大团员和青年志愿者组织以关爱他人、关爱社会、关爱自然为主题，重点围绕社区、公益机构、社会服务中心，聚焦青少年、老年人、残疾人等群体需求，开展济困、扶老、救孤、助残等志愿服务活动。

2. 从身边小事做起，开展一次志愿者活动。

案例导入

习近平给"中国好人"李培生胡晓春的回信

李培生、胡晓春同志：

你们好！来信收到了，你们长年在山崖间清洁环境，日复一日呵护着千年迎客松，用心用情守护美丽的黄山，充分体现了敬业奉献精神。

"中国好人"最可贵的地方就是在平凡工作中创造不平凡的业绩。希望你们继续发挥好榜样作用，积极传播真善美、传递正能量，带动更多身边人向上向善，弘扬社会主义核心价值观，争做社会的好公民、单位的好员工、家庭的好成员，为实现中华民族伟大复兴奉献自己的光和热。

习近平

2022 年 8 月 13 日

案例解读：2008 年，中央文明办组织开展网上"我推荐我评议身边好人"活动，至今已发布"中国好人榜"150 期，共有 16228 人（组）入选"中国好人"。李培生、胡晓春在黄山风景区分别从事环卫保洁和迎客松守护工作,2012 年和 2021 年先后入选敬业奉献类"中国好人"。近日,李培生、胡晓春给习近平总书记写信,汇报工作情况和心得体会,表达了为守护美丽黄山、建设美丽中国贡献力量的决心。习近平总书记于 2022 年 8 月 13 日给安徽黄山风景区工作人员李培生、胡晓春回信,对他们继续发挥"中国好人"榜样作用提出殷切期望,强调积极传播真善美、传递正能量,带动身边更多人向上向善。

知识储备

一、什么是志愿者

志愿者,也被称为"义工",2013 年 11 月修订的《中国注册志愿者管理办法》是这样定义的:志愿者(英文名称为 Volunteer)是指不以物质报酬为目的,利用自己的时间、技能等资源,自愿为国家、社会和他人提供服务的人。

二、什么是志愿服务精神

志愿服务精神:奉献、友爱、互助、进步。

奉献,即不计报酬、不求名利、不要特权。

友爱,即跨越国界、职业和贫富差距;没有文化的差异;没有民族之分;没有收入高低的区别。

互助,即互相帮助,助人自助,帮助处于困难和危机中的人们走出困境,自强自立。

进步,即志愿者通过参与志愿服务,使自己的能力得到提高,同时促进了社会的进步。

这是对中华民族团结友爱、助人为乐、见义勇为、尊老爱幼等传统美德的传承,也是对社会主义时代精神的弘扬和"雷锋精神"在新时期的体现。

三、中国志愿活动的发展

中国志愿活动的兴起缘自政府自上而下的倡导和推动,并伴随城市社区建设和青年志愿者活动发展起来。当代中国最早的志愿服务莫过于"学雷锋"。毛泽东同志于 1963 年发出了"向雷锋同志学习"的号召,在全国范围内掀起了"学雷锋"的热潮,"学雷锋"活动可以说是我国成立初期最具有志愿服务色彩的行动,为以后志愿服务事业在中国的发展打下了良好的基础。20 世纪 90 年代,我国开始采用国际社会对公益活动的通用表述——"志愿服务"。

20 世纪 80 年代,每年 3 月 5 日,为纪念雷锋和发扬雷锋精神,学生、青年人都会主动参与这项活动。

1987 年,广州市开通全国第一条志愿者服务热线——"中学生心声热线 3330564",深圳市义务工作者联合会是中国第一个正式注册的志愿者团体。1990 年 4 月 23 日,由共青团深圳市委发起、由志愿为青少年和社会提供义工服务的社会各界人士(主要是青少年)组成的社会团体——深圳市义务工作者联合会(简称深圳"市义工联")诞生。1999 年注册义工达到 3 万人,已发展壮大为社会各阶层积极参与、拥有相当服务力量、服务社会各个领域的社会群众性团体。

1993 年 12 月 19 日，在共青团的号召下，2 万余名青年亮出"青年志愿者"旗帜，在京广线开展为旅客送温暖志愿服务，标志着中国青年志愿者行动正式启动。

进入新世纪以后，2001 年被联合国确定为"国际志愿者年"，对外经济贸易部、共青团中央共同发起成立了"中国 2001 国际志愿者年委员会"，中国志愿服务事业开始为世界所了解。志愿服务活动向多元化、规范化、法制化发展。

习近平总书记指出，"志愿服务是社会文明进步的重要标志，是广大志愿者奉献爱心的重要渠道"。随着时代的发展，志愿服务已经成为一种社会潮流和时代风尚，越来越多的人主动加入志愿者队伍贡献自己的力量。

四、志愿服务的范围

志愿服务主要扶贫开发、社区建设、环境保护、大型赛会、应急救助、海外服务等。

五、志愿服务的功能

志愿服务的功能：社会动员，社会保障，社会整合，社会教化，促进社会和谐，促进社会进步。

任务实施

一、组建志愿者团队

志愿者团队成员招募要求具体如下。

①在校大学生。

②具备不怕吃苦的精神、较强的服务意识、奉献精神、团队合作精神。

③具备较强的集体观念和组织纪律性，服从工作安排。

④具有良好的表达能力、语言沟通能力和工作协调能力。

⑤综合表现较好，具备某项特长(有特长，有一定的策划能力、新闻采编能力等可优先考虑)。

二、活动策划与设计

①明确活动主题及目的。

②明确活动时间和地点。

③明确活动内容及分工(图 15-2-1)。

由策划部、市场部、宣传部组成志愿活动小组。

策划部：负责此次志愿者活动的策划工作。

市场部：负责联系公益机构，了解采购儿童所需物资并进行采购。

宣传部：负责活动的宣传工作，包括拍摄照片与视频、撰写新闻稿件等。

图 15-2-1

④实施过程具体安排如表 15-2-1 所示。

表 15-2-1　青年志愿者活动实施过程安排

时间	地点	负责人	具体内容
周一、周二	教学楼	×××	①活动发起人(星火公益社)招募服务志愿者,确定志愿活动成员。②选拔策划部、宣传部、市场部的负责人,分头完成各自的具体任务。③汇总策划书,修改流程,完善细节,确定活动方案,布置任务。④对接活动地点,确定活动时间和相关需求
周三、周五	学校	×××	开展义卖或募捐,筹备物资
周六	志愿活动地点	×××	①上午 8:00 按时集结出发。②志愿者团队到达目的地后向孩子们问好,并且送上物资,志愿者们表演才艺,积极与孩子们互动、游戏

以"关爱慢天使——脑瘫儿童"为例展示志愿者活动当天过程(表 15-2-2、图 15-2-2)。

图 15-2-2　志愿者开展"关爱慢天使"志愿者活动

表 15-2-2

活动名称	关爱慢天使志愿者活动	负责人	郑叶凤　龚良釜
活动时间	2022 年 5 月 10 日上午	志愿者人数	12 人
活动地点	慢天使爱心屋		
活动流程	①到达目的地后向家长孩子们问好，并且送上物资。 ②志愿者们表演才艺，与孩子互动。 ③教孩子画画、写心愿卡等		
活动目的及 目标达到程度	关爱脑瘫儿童，给予他们我们每个人的一份心、一份力量和一份爱，履行我们应尽的责任和义务。做一个不求回报、贡献社会、对社会有用之人。 圆满完成我们的活动		
遇到的 困难及问题	与孩子沟通存在一定的困难，和孩子们初次见面有一点紧张		

活动记录

活动记录

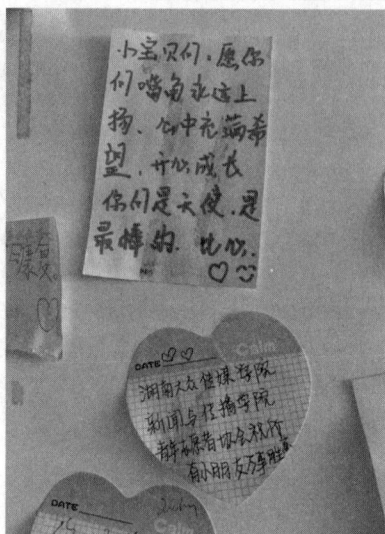

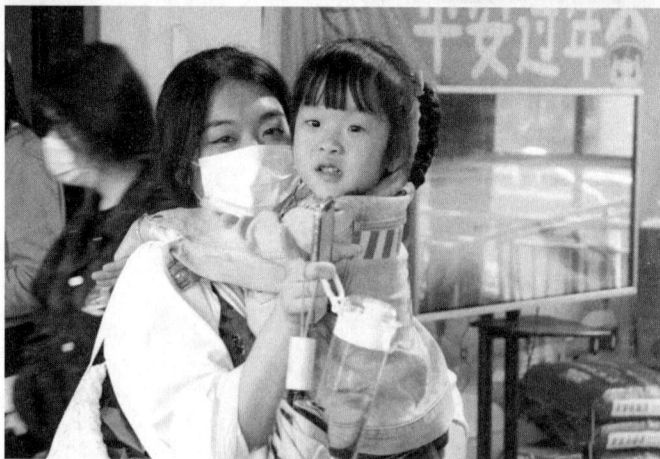

任务评价

考核方式为评分考核,总分100分(工作效果60分,实训过程中的表现40分),各部门负责人由指导老师评分,部门工作人员由指导老师结合组内自评评分。本实训计入相关课程的实践成绩,具体比重由各课程教师自行掌握。

能力拓展

学生实践成绩登记表、实训鉴定表、实训总结。

项目十五

任务卡 2

班级	姓名	组号	学号	时间

任务	参加一项社会劳动技能	评价方法	视频、照片、体会

任务分工及执行情况	

总结	

心得体会	

自我评价	优秀□　　良好□　　及格□　　不及格□
同学评价	优秀□　　良好□　　及格□　　不及格□
教师评价	优秀□　　良好□　　及格□　　不及格□